혼자서도 할 수 있는

# 스마트스토어

## 판매 · 상위 노출 · 마케팅 핵심 전략

앤써북
ANSWERBOOK

혼자서도 할 수 있는
# 스마트스토어 판매 · 상위 노출 · 마케팅 핵심 전략

**초 판 1쇄 발행** | 2018년 07월 10일
**개정판 1쇄 발행** | 2018년 11월 30일

**지은이** | 김덕주
**펴낸이** | 김병성
**펴낸곳** | 앤써북

**출판사 등록번호** | 제 382-2012-0007 호
**주소** | 경기도 고양시 일산 서구 가좌동 565번지
**전화** | 070-8877-4177
**FAX** | 031-919-9852
**도서문의** | 앤써북 http://answerbook.co.kr


**가격** | 13,300원
**ISBN** | 979-11-85553-39-9 13000

# Preface

머리말

온라인 유통 시장의 흐름이 형성되는 데에 영향을 미치는 요소에는 고객, 판매채널, 판매자 이렇게 3가지라고 생각한다.

어느 요소든 하나만 부족해지더라도 균열이 발생하고 유지되기 힘든 것이 온라인 시장이다.

그중 판매채널은 고객과 판매자 사이에서 중개 역할을 하며 성장해 온 영역이다.

고객에게는 좋은 상품을 제공하고 판매자에게는 윈윈 할 수 있는 구조를 중간에서 형성하여 온라인 플레이스를 좀 더 집중적으로 성장시킨 원동력이라고 할 수 있다.

오픈마켓은 옥션, 인터파크를 시작으로 형성되어 G마켓, 11번가의 참여로 지금의 시장 규모로 성장하게 되었고, 이들 4곳은 온라인 마켓 플레이스의 중요한 판매채널들로 자리매김하였다. 그런데 갑자기 검색기반의 네이버가 샵N(지금의 스마트스토어) 라는 샵개념의 판매채널로 이 시장에 진입했고, 지금은 스마트스토어로 이름을 변경하고 좀 더 좋은 정렬 로직과 합리적인 시스템으로 쇼핑 시장에서의 점유를 높여가고 있다.

필자는 이 성장의 원동력을 기존 시장에서 볼 수 없는 빅데이터를 기반으로 한 상품 정보의 전달력이라고 생각한다.

포털의 강점인 정보를 얻기 위한 첫 검색의 공간을 시작으로 고객이 원하는 상품을 찾기 전에 여러 행동 로그를 통해 상품을 제안하고 그 상품의 정보를 얻기 위해 돌아다니지 않아도 블로그, 카페, 포스트, 지식iN 같은 영역이 정보를 전달해 주면서 고객이 안심하고 쇼핑을 할 수 있도록 도와주는 점이 타 판매채널과 비교했을 때의 차별된 쇼핑의 방식이라고 할 수 있으며 이는 매우 큰 장점이다.

또한 스마트스토어의 판매관리 프로그램과 네이버 쇼핑과의 연계 플랫폼은 판매자들로 하여금 좋은 장터를 마련해 줌으로써 고객뿐만 아닌 판매자도 만족할 수 있는 시장을 형성해 주었다는 점도 높게 평가 되는 부분이다.

결국 플랫폼은 판매자가 셀링을 하는데 있어서 불편함이 적고 이용가치가 높아야 성장할 수 있다고 생각한다.

판매자가 없으면 좋은 상품이 없는 것이고 설령 있더라도 적극적인 활동이 판매채널 내에서 진행되지 않는다면 고객은 그 플랫폼 안에 들어올 이유가 없어지게 된다.

예전처럼 한두 판매채널이 시장을 이끌어 가는 것이 아니라 너무 많은 정보의 전달과 다양한 판매방식을 가진 판매채널로 인해 고객은 나에게 맞는 쇼핑을 위해 돌아다니기 마련이다.

스마트스토어는 그 첫 검색과 마지막 검색에 존재한다.

이 의미는 본서에서 충분히 설명하겠지만 지금 이 책을 들고 읽고 있다면 꼭 기억해야 하는 한 줄이다.

"스마트스토어는 첫 검색과 마지막 검색에 존재한다."

김덕주 씀

# Reader supporting center

독자지원센터

**독자
문의**

책을 보면서 궁금한 점에 대해 서로 의견을 공유하고 질의응답 내용을 확인할 수 있고, 그래도 궁금한 점이 해결되지 않을 경우 앤써북 카페(http://answerbook.co.kr)의 [독자 문의]–[책 내용 관련 문의] 게시판에 문의한다. [카페 가입하기] 버튼을 클릭하여 회원가입 후 게시판의 [글쓰기] 버튼을 클릭하고 궁금한 사항을 문의한다. 문의한 글은 해당 저자에게 문자로 연결되어 빠른 시간에 답변을 받아 볼 수 있다.

질문글 작성 시 어떤 책과 관련된 질문인지 알 수 있도록 제목에 다음과 같이 "[책명]질문 내용"형식으로 작성한다. 여기서는 "[혼자서도 할 수 있는 네이버 메인노출 마케팅]질문 내용"과 같은 형식으로 작성한다

# Reader supporting center

독자지원센터

**저자 특강 · 스터디 · 교육**

앤써북 출판사에서 출간된 책 저자님들의 강의, 특강 및 관련 교육을 안내하는 공간이다. 혼자 공부하기가 막막하다면 저자 직강이나 특강 및 관련 교육 또는 스터디에 참여하여 여러 사람들을 만나 궁금한 점에 대해서 서로 의견을 공유해 보자. 책과 관련된 어떤 강의가 진행되고 있는지 앤써북 카페(http://answerbook.co.kr)의 [추천 교육/스터디]–[저자 특강/스터디/교육] 게시판을 방문해 보자!

앤써북 카페 메인화면 좌측 하단의 [추천 교육/스터디]의 '더보기'를 클릭하면 앤써북 저자들의 특강 및 강의와 앤써북 추천 교육 과정들을 확인할 수 있다.

**앤써북
체험단**

앤써북 체험단을 통해서 체험 리뷰에 도전해보자!

앤써북에서 운영하는 체험단에 참여해서 리뷰를 작성하다 보면 글 쓰는 요령, 다양한 혜택을 더할 수도 있다. 앤써북 카페(http://answerbook.co.kr)의 [체험단]-[도서/제품/서비스 체험단] 게시판은 앤써북에서 발행한 도서와 도서 연관 상품 중 독자들에게 유용한 제품 또는 서비스를 체험해 볼 수 있다.

- 앤써북에서 발행한 도서 : 앤써북에서 발행한 도서를 체험하고 리뷰를 작성해볼 수 있다.
- 도서와 연관된 제품, 서비스 : 앤써북에서 발행한 도서를 보는데 필요한 각종 교구, 서비스, 제품 등을 체험해 볼 수 있다.

앤써북 카페 메인화면 좌측 하단의 [도서 / 제품 체험단]의 '더보기'를 클릭하면 진행중인 앤써북 도서/제품 체험단 내용을 확인할 수 있다.

# Contents

목차

# Chapter 02

## 스마트스토어 상품 판매 관리하기

# Contents

목차

# 네이버 구조 이해와
# 스마트스토어 준비하기

네이버 쇼핑을 이해하려면 먼저 네이버의 본질부터 이해해야 한다.

검색과 클릭이라는 행위에 의한 연관성을 이해하고 그 이후에 패턴에 대한 이해까지 한다면 각각의 영역에 대한 정렬 순서 기준을 익히는 과정이 빨라지기 시작한다. 이 과정을 반복해서 6개월 정도 진행하면 검색 결과 영역의 제목만 봐도 현재 어떤 로직이 적용되어 있는지를 한눈에 파악할 수 있을 정도가 된다. 이를 간과하고 스마트스토어를 시작하면 광고비만으로 유지되는 아슬아슬한 온라인 비즈니스를 하게 된다.

검색 ●━━━▶ 클릭(정렬 순서 ➡ 상위 노출 ➡ 클릭)

# 네이버 검색 노출 핵심 3가지 이해하기

정보를 검색 전달하는 포털을 기반으로 한 네이버는 고객의 검색 로그와 클릭로그에 따라 연관검색어, 자동완성, 각 영역의 우선 순위가 결정되어 진다.

좋은 문서, 신뢰할 수 있는 문서, 선호도 등은 다 같은 말이 될 수 있다.

위의 3가지를 한마디로 축약하면 "고객이 많이 찾는 그것을 위해 판매자들은 정보와 상품을 제공해야 한다."라고 할 수 있다.

# 1 _ 네이버 노출 영역 이해하기

네이버는 광고, 쇼핑, 블로그, 카페, 지식iN, 웹사이트, 뉴스, 지도, 포스트, 동영상, 이미지 등 11개 영역으로 구분해서 검색 결과를 노출시킨다. 단, 11개 영역에는 어학사전, 학술정보, 매거진, 지식백과, 뮤직, 라이브러리 등 쇼핑과 직접 연관성이 떨어지는 영역들은 포함시키지 않았다.

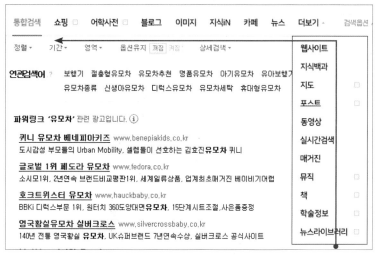

▲ ㄱ자로 되어있는 부분을 보면 노출 영역에 대한 우선순위를 볼 수 있다.

위 그림은 '쇼핑-블로그-이미지-지식iN-카페-웹사이트-지도-포스트-동영상' 순으로 노출되었다. 하지만 11개 영역의 노출 우선순위는 검색어에 따라 달라진다.

네이버의 영역은 노출을 위해 비용을 지출해야 되는지에 따라 다음과 같이 두 분류로 구분할 수 있다.

| ❶ 비용 지출이 필요한 노출 영역 | ❷ 비용 지출이 필요 없는 노출 영역 |
|---|---|
| 광고, 쇼핑(광고), 뉴스 | 쇼핑, 블로그, 카페, 지식iN, 웹사이트, 지도, 포스트, 동영상, 이미지 |

※ 쇼핑은 유료 광고로 노출할 수 있고, 또한 광고 없이 블로그, 포스트, 카페 등을 통해서도 노출시킬 수 있기 때문에 두 영역에 모두 포함되어 있다.

검색 마케팅에서는 '점유한다.'는 표현을 많이 사용한다. 위에 언급한 **1**번 항목을 집행할 수 있는 자금 여력만 있다면 누구나 만족스러운 검색 결과를 얻을 수 있다. 반면 **2**번 항목은 비용 지출 없이 노출 기술만으로 만족스러운 검색 결과를 얻을 수 있다.

영역별 검색 결과 상위 노출 3위(**❶**, **❷**, **❸**)까지의 점유율을 만든다면 내 상품을 마케팅하는데 많은 도움이 된다.

다음은 '유모차' 검색어에 대한 PC와 모바일 상 블로그 영역(ⓐ)의 검색 노출 순위를 나타낸 그림이다. 즉 **❶**번은 블로그 영역의 상위 노출 1위를 의미한다. 통상적으로 검색 결과 상위 노출 순위가 첫 페이지의 높을수록 클릭하는 고객 수도 높다. 그만큼 검색 결과를 통해 내 스마트스토어로 유입되는 잠재 고객의 수가 많아진다는 것을 의미한다.

▲ '유모차' 검색어에 대한 블로그 영역의 검색 노출 순위_PC 기준

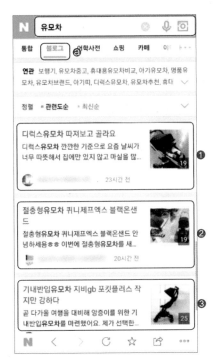

▲ '유모차' 검색어에 대한 블로그 영역의 검색 노출 순위_모바일 기준

블로그는 위에서 열거된 11개 영역 중 서비스 운영 기간이 가장 오래되었고 11년 이상의 누적 데이터를 가지고 있다. 블로그는 앞서 설명한 것과 같이 비용을 들이지 않고 자신의 기업이나 상품을 홍보할 수 있는 서비스 공간이다. 하지만 블로그를 꾸준히 관리하면서 포스트(게시글)를 상위에 노출시키는 가이드를 적용시키는 것과 동시에 콘텐츠의 질까지 함께 기획해야 하는 것은 일반인이 진행하기에는 결코 쉽지 않은 일이다.

즉, 자신의 일상적인 일들을 자유롭게 작성해서 올리다 보면 위 그림처럼 검색 상위(❶, ❷, ❸ 등)에 노출시키기 쉽지 않고, 검색 상위 노출 기준에만 맞추어 콘텐츠를 만들다 보면 많은 사람들이 공감하고 가치 있는 게시글이 되지 않기 때문에 전문가의 도움을 받아 포스트 발행을 의뢰하는 것이다.

예전부터 정확한 검색 상위 노출 로직이나 정렬 기준을 파악하는 것은 어려웠다. 네이버의 기본 정책은 있지만 상위 노출 로직은 꾸준히 변하기 때문이다. 정확한 상위 노출 로직은 네이버 개발자만 알 수 있는 것이다.

그럼에도 네이버 파워블로거나 체험단 전문 중개자들은 비교적 상위 노출을 잘 시켰고, 이로 인해 마케팅을 원하는 기업들은 이들을 통해 홍보 외주 용역을 위탁하게 되었다. 하지만 이들을 통해 홍보 외주를 진행하려면 많은 비용이 드는 것이 현실이다.

블로그 서비스에 대해서 간략하게 살펴보자.

블로그는 네이버를 대표하는 서비스 영역이며, 네이버의 전체적인 검색 로직을 이해하는데 많은 도움이 된다. 또한 블로그 포스트(게시글) 상위 노출에 대한 이해가 있는 판매자라면 네이버 쇼핑 상위 노출에 대한 이해를 하는데 어려움이 없을 것이다.

즉 다음 그림 1과 같이 네이버 블로그 영역 상위 노출시킬 수 있는 판매자라면 그림 2와 같이 네이버 쇼핑 상위 노출을 이해하는데 어려움이 없다는 것이다.

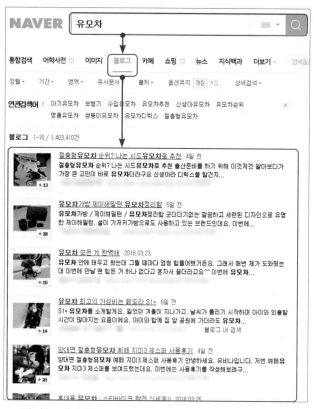

▲ 그림 1 '유모차' 검색 네이버 블로그 영역 상위 노출

▲ 그림 2 '유모차' 검색 네이버 쇼핑 상위 노출

블로그를 잘 이해하려면 주제에 맞는 다른 블로그는 물론 오랫동안 잘 운영하고 있는 블로그들을 잘 살펴보는 것이다. 다음은 네이버 블로그 홈(https://section.blog.naver.com) 화면이다. 블로그 홈 상단의 주제별 보기, 이달의 블로그, 공식블로그, 파워블로그 메뉴를 클릭하면 다양한 우수블로그들을 살펴볼 수 있다.

## 2 _ 네이버의 연관검색어와 쇼핑 연관성 이해하기

네이버에 키워드 검색 결과를 보면 검색 옵션 아래에 나타나는 섹션이
'연관검색어'이다. 다음 표는 연관검색어에 대한 네이버에서 정리한 내용
과 관련 사례이다.

| 연관검색어 | |
|---|---|
| 대상 | 모든 분야 |
| 방식 | 이용자의 보편적인 검색과 클릭행위를 적용한 '연관검색어' 영역이다. |
| 사례 | 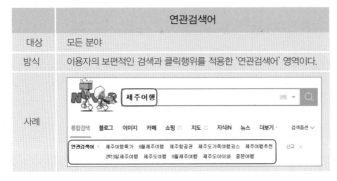 |

연관검색어는 검색 사용자의 검색의도를 파악하여 적합한 검색어 제공을 통해 이용자에게 더욱 편리하게 정보 탐색을 할 수 있도록 지원하는 서비스이다.

예를 들어 '제주' 검색어에 '제주여행'과 같은 다양한 연관검색어를 추천함으로써 이용자가 찾고자 하는 정보로 더욱 빠르게 접근할 수 있도록 연관검색어 영역에 노출시킨다.

연관검색어는 이용자들이 보다 편리하게 자신이 원하는 상품 또는 서비스를 제공하는 업체를 찾을 수 있도록 검색한 키워드를 기반으로 해당 상품 또는 서비스와 관련이 있는 검색어를 연관성에 기반을 두어 보여준다.

다음은 "모니터" 키워드 검색 결과 아래에 노출된 연관검색어 목록이다. 즉, 사람들이 "모니터(❶)" 키워드를 검색한 이후에 가장 많이 검색하는 키워드는 "27인치모니터(❷)"라는 결과 값을 보여주고 있다. "24인치 (❸)", "20인치(❹)" 키워드를 그 다음으로 많이 검색한다는 패턴을 추가적으로 보여주고 있다. 이는 네이버의 가장 흔한 패턴 중 하나인 검색과 클릭(연관성)이라는 중요한 속성이다.

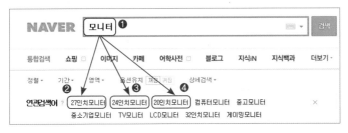

네이버는 앞서 설명한 검색과 클릭이라는 연관성에 기반을 둔 검색어 제안도 있지만 쇼핑(❺), 이미지(❻), 카페, 블로그 등 보이는 영역 역시도 연관성에 기반을 두어 노출 순서가 정해진다.

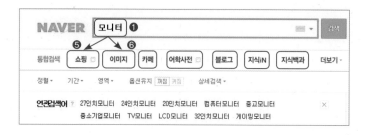

우리가 무엇인가를 검색하고 보이는 영역이 검색어마다 다르고, 검색하는 시기에 따라 다른 이유는 고객이 어떤 검색어를 검색하고 가장 많이 보는 영역이 그 영역이기 때문이다. 즉, "무한도전"을 검색한 사람은 이미지 영역 (❶), 동영상 영역(❷), 뉴스 영역(❸) 순으로 많이 보고, "봄원피스"를 검색한 사람은 쇼핑 영역(❹), 이미지 영역(❺), 블로그 영역(❻)순으로 많이 보기 때문에 다음 그림 1, 그림 2와 같이 검색에 따라 보이는 영역의 순서가 다른 것이다.

◀ 그림 1

◀ 그림 2

아래 예시를 보면 쉽게 이해가 가능할 것이다.

"유모차"를 검색하면 통합검색에 "파워링크(❶) 〉 파워콘텐츠(❷) 〉 네이버 쇼핑(❸) 〉 지식인(❹)" 순으로 노출된다.

파워광고와 파워콘텐츠의 경우는 금액을 지불하고 노출시키는 유료 광고이기 때문에 고객 검색에 대한 영향을 받지 않고 항상 최상위 영역에 노출된다. 그렇기 때문에 "유모차" 키워드 검색 후 고객이 가장 많이 보는 영역은 "네이버 쇼핑(❸) 〉 지식인(❹)" 순으로 나열되는 것이다.

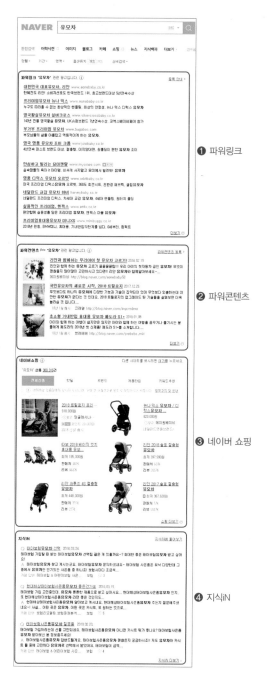

**❶ 파워링크**

**❷ 파워콘텐츠**

**❸ 네이버 쇼핑**

**❹ 지식iN**

"유모차추천"를 검색하면 통합검색에 "파워링크(❶) 〉 파워콘텐츠(❷) 〉
포스트(❸) 〉 네이버 쇼핑(❹)" 순으로 노출된다.

"추천"이라는 단어가 붙으면서 정보 검색 성격이 더해져 전달력이 강한 포스트 쪽으로 고객의 패턴이 변경되는 것을 확인할 수 있다.

❶ 파워링크

❷ 파워콘텐츠

❸ 포스트

❹ 네이버 쇼핑

# 3 _ 네이버 쇼핑 노출 패턴 이해하기

네이버 구조의 이해 중 마지막으로 패턴의 중요성이다.

각각의 검색어와 영역이 고객 행위에 따라 결정되고 그 영역별로 상위에 노출되는 로직을 "상위 노출"이라고 부른다. 상위 노출은 판매자들이 가장 관심을 갖는 부분이다.

각 영역별로 네이버 "S.E.O(검색엔진) 최적화"라는 부분이 적용되고 제목, 태그, 속성을 어떻게 적용하느냐에 따라 노출 순서가 변경된다.

노출 패턴을 간단히 설명하면 다음과 같다.

아래 항목들에 대한 조합을 어떻게 배열하느냐에 따라 결정된다.

❶ 개수에 대한 조합

❷ 고객 선호도에 따른 검색어 배치

❸ 문장 부호에 대한 조합

네이버 쇼핑의 노출 패턴을 이해하는데 있어 앞서 언급한 것과 같이 블로그 영역에 대한 이해를 하는 것이 가장 좋다.

다음은 "휴대용유모차" 키워드에 대한 블로그 검색 결과를 나타낸 화면이다.

첫 번째 강조할 부분은 띄어쓰기이다.

일반적으로 "휴대용유모차"라는 검색어를 검색할 때 상황과 사용하는 기기마다 다르겠지만 보편적으로 띄어쓰기 보다는 붙여쓰기를 선호하게 된다. 하지만 블로그 상위 게시글이 아래와 같이 띄어쓰기 결과 값(❶)을 보여주고 있다면 제목을 작성할 때 반드시 띄어쓰기를 사용해야 한다.

두 번째 강조할  부분은 문장 부호 패턴이다.

다음 그림을 보면 3개의 게시글이 있는데 첫 번째(❶)와 세 번째(❷) 게시글의 경우 제목의 패턴이 동일하게 나열되고 있지만 문장 마지막에 붙어 있는 느낌표(!)로 인해 순위가 결정되는 것을 볼 수 있다.

문장 부호는 쇼핑에서 모델명 또는 주요 속성으로 표현되며, kg, 개(ea), S, M, L 옵션 같은 구분을 나누는데 사용된다.

위와 같은 패턴이 뒤섞여 나오는 이유는 좋은 문서에 대한 기준이다.

네이버가 말하는 좋은 문서와 좋은 상품은 결국 고객이 검색하는 범위 내에서 검색 결과로 표현되고 있는 상품들을 게시하고 판매하고 있는가에 대한 질문과도 같다고 볼 수 있다.

쇼핑의 노출 순서를 정하는데 작용되는 여러 가지 중 가장 밀접하다고 볼 수 있는 항목이 "최신성"이다.

내 상품이 상위에 노출되고 있었지만 어느 일정 기간이 지나 갑자기 사라지는 이유는 고객의 검색 패턴이 변경되어 선호하는 상품이 변경되는 시점이라고 보면 이해가 쉽다.

네이버는 좋은 문서를 구분하는 기준을 신뢰를 기반으로 한 문서라고 정리할 수 있다.

그 외 직접 작성한 문서, 경험을 토대로 한 문서, 공유/추천하고 싶은 문서 등 다양한 조건의 합으로 좋은 문서를 구분하지만 앞서 말한 것과 같이 한 줄로 정리 하자면 신뢰를 기반으로 한 문서라고 할 수 있다.

네이버의 각 영역은 고객이 검색한 검색 결과에 대한 정보를 제공함에 있어 일관성을 가진다고 보면 좋다.

그렇기 때문에 좋은 문서를 좋은 상품으로 바꿔 본다면 현재 고객이 가장 신뢰할 만한 상품이 무엇인가? 라는 기준으로 바꿔 볼 수 있다.

◈ 좋은 문서

네이버 검색이 생각하는 좋은 문서를 설명합니다. 네이버는 다음과 같은 문서들이 검색 결과에 잘 노출되어 사용하자는 검색 결과에 유용한 정보를 얻고 콘텐츠 생산자는 노력에 합당한 관심을 받을 수 있도록 하기 위해 노력하고 있습니다.

• 신뢰할 수 있는 정보를 기반으로 작성한 문서
• 물품이나 장소 등에 대해 본인이 직접 경험하여 작성한 후기 문서
• 다른 문서를 복사하거나 짜깁기하지 않고 독자적인 정보로서의 가치를 가진 문서
• 해당 주제에 대해 도움이 될 만한 충분한 길이의 정보와 분석 내용을 포함한 문서
• 읽는 사람이 북마크하고 싶고 친구에게 공유/추천하고 싶은 문서
• 네이버 랭킹 로직을 생각하며 작성한 것이 아닌 글을 읽는 사람을 생각하며 작성한 문서
• 글을 읽는 사용자가 쉽게 읽고 이해할 수 있게 작성한 문서

▲ 네이버가 공개한 좋은 문서의 기준 항목들

좋은 문서와 좋은 상품을 규정하는 기준을 어디서 추출할 수 있는가? 가 중요해지는데 가장 쉽게 찾는 방법은 앞에서 봤던 연관검색어 영역이다. 아래 예시를 보면서 설명을 해보면 10~2월까지는 연관검색어 가장 앞쪽에 "캐리어 28인치가 가장 앞쪽에 표현되었고, 책을 저술하고 있는 시점인 4월에는 "기내용캐리어", "캐리어24인치"가 표현되었다.

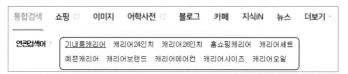

옷이 두껍고 유럽여행, 어학연수 시즌이 겹쳐있는 경우는 짐의 양이 많아지기 때문에 큰 사이즈의 캐리어 키워드가 표현되지만 4월 봄철같이 옷이 얇아지는 시기라면 기내에 간편하게 넣을 수 있는 작은 사이즈의 캐리어 키워드로 변경되어 표현한다는 것이다.

내가 판매하고 있는 상품이 네이버 쇼핑에서 좋은 위치에서 표현되어 잘 판매되고 있다가 갑자기 사라지는 이유는 이 영역의 키워드 변경이 있다

는 것이다. 변경 이유는 고객의 선호도가 변화되고 키워드의 검색 패턴이
변경되어 네이버가 그 빅데이터를 기반으로 연관검색어 영역의 키워드
패턴을 변경하여 적용한다는 것이다.

이 시기에는 반드시 내 상품명의 패턴 변경과 태그에 적용한 키워드 변
경, 내 상품이 그런 키워드들과 어울리는 상품인가를 점검하는 것이 무엇
보다 중요하다.

검색어의 패턴이 바뀌는 것은 선호도의 변화를 이야기하며 그에 맞는 게
시글을 작성하는 것과 상품을 파는 것이 신뢰할 수 있는 기반으로 작성한
문서와 상품을 의미한다.
블로그의 검색 결과 노출 순서 기준을 '관련도'라고 말한다.
기존에는 '정확도'라고 표현했지만 해시태그 기반과 사용자 경험을 적용한 검
색 결과와 AI 기반 상품들이 출현하면서 관련도에 대한 기준이 더 부각됐다.
스마트스토어 상품 등록 페이지의 검색설정에 태그를 직접 입력할 수 있는 영
역(❶) 있는데, 이 부분에 등록할 상품과 관련 있는 키워드 10개를 적용해주면
상위에 노출되는 점수를 더 받을 수 있다.

### 블로그 검색 결과 노출 순서 기준은 무엇인가요?

블로그 검색은 인터넷상의 블로그 글을 수집하여 이용자가 입력한 검색어와 연관성 높은 글을 수식을 통해 계산하여 결과로 제공하는 서비스입니다.

검색 결과에서 상위에 노출되면 더 많은 이용자가 내 블로그에 방문하기 때문에, 많은 블로그 이용자들이 검색순위에 관심을 두고 있습니다.

[네이버 블로그 검색 노출 순서는 여러 요소를 종합해서 만든 '관련도'입니다.]
네이버는 이용자가 검색할 때 찾고자 하는 정보에 부합하는 결과를 제공하기 위해 노력하고 있습니다. 어떤 글이 이용자가 찾는 글일까, 즉 이용자의 의도를 가장 잘 반영하는 글이 무엇일까를 결정하는 기준을 저희는 '관련도'라고 부르고 있습니다.

관련도는 단지 글이 해당 단어를 포함하는지 뿐 아니라, 작성 시간, 글의 품질, 인기도 등의 다양한 정보를 활용하여 계산됩니다.
이러한 다양한 정보들의 가치를 계산하여 수식에 적용한 결과가 검색 결과로 나타나게 됩니다.

### 이용자의 의도에 가장 적합한 검색 결과를 제공하려고 합니다.

따라서 오래된 글이 최신 글보다 먼저 노출될 수도 있습니다.

이는 앞서 설명된 것처럼 블로그 검색 노출 기준은 '여러 요소를 종합한 관련도'이기 때문입니다.
이 기준에 더 잘 부합될 경우, 오래된 글이 최신 글보다 먼저 노출되는 것은 자연스러운 결과이며 블로그 검색에서 종종 나타나는 현상입니다.

물론 글의 최신성은 유용한 정보 여부를 가리는 중요한 요소 중의 하나인 만큼 글의 관련도를 판단할 때 '최신성' 또한 고려 요소로 계산하고 있습니다.
최신 글을 보고 싶으실 경우, 검색창 아래 [검색 옵션]을 클릭해 [정렬]에서 최신순을 클릭하시면 됩니다.

위 두 가지의 경우를 종합해 보면 오래된 글이나 엉뚱한 상품이 먼저 노출되는 경우가 발생하는데 그 이유는 고객 검색 패턴의 변화와 선호 상품이 달라졌기 때문이다.
여러 정렬 기준을 선택하면서 쇼핑을 하는 고객은 극소수이기 때문에 네이버 쇼핑 랭크순의 첫 번째인 적합도를 잘 맞춰서 변경 적용해줘야 한다.

# 네이버 쇼핑 구조와 노출 핵심 3가지 이해하기

판매를 잘하려면 먼저 고객이 보는 화면에 대한 이해가 선행되어 져야 한다. 어떤 판매채널이든 고객이 쉽게 잘 보는 영역에 내 상품을 노출할 수 있어야 클릭 수를 높일 수 있기 때문이다. 노출의 방식은 광고와 알고리즘 이해 2가지로 구분할 수 있는데 알고리즘 이해가 되어야 광고의 효과를 극대화 할 수 있다. 시스템의 분석을 통해 리스팅 방식, 판매자등급, 광고의 노출 방식을 이해해 보자.

# 1 _ 네이버 쇼핑 구조 이해하기

네이버 쇼핑은 네이버 이용자와 네이버 쇼핑에 입점한 쇼핑몰 및 스마트스토어를 서로 연결을 위해 상품 검색, 다양한 카테고리 분류, 가격 비교 등을 제공하는 쇼핑 서비스이다.

네이버를 찾는 수많은 이용자를 내 쇼핑몰의 잠재 고객으로 만들 수 있다. 네이버 쇼핑에는 다양한 국내 쇼핑몰들이 입점해 있다. 또한 네이버에서 운영하는 쇼핑윈도와 스마트스토어에 입점할 수 있다.

네이버 쇼핑과 스마트스토어와 관계 구조를 살펴보면 다음과 같다. 네이버 안에 네이버 쇼핑이 있고, 그 안에 스마트스토어가 입점하는 방식이다.

네이버 쇼핑에 입점하는 방식은 크게 3가지가 있다.

개인 쇼핑몰 입점방식 (❶, ❷)과 쇼핑에 자동으로 연동(❸)되는 방식으로 구분된다.

❶ CPC Package 입점 방식 : 네티즌이 상품의 검색 결과를 클릭한 만큼 수수료가 발생하는 방식이다.

❷ CPS Package 입점 방식 : 매월 고정비와 상품 판매수수료를 지불하는 방식으로 네이버 메인, 기획전 등의 별도 광고를 진행할 수 있다.

❸ 스마트스토어 입점 방식 : 스마트스토어를 운영하는 광고주가 입점하여 판매하는 자신의 상품 중 원하는 상품만 선택하여 광고를 진행할 수 있는 방식이다.

## 2 _ 네이버 쇼핑 노출 핵심 3가지

네이버 쇼핑 메인에서는 전체 카테고리를 비롯하여 남성, 여성으로 구분한 인기 카테고리와 아래로 내려가면 소호몰, 브랜드, 윈도, 직구 등 다양한 상품들이 나열되고 있다. 단, 카테고리 배치는 접속 시점에 따라 다를수 있다.

네이버는 O2O(쇼핑 윈도) 상품들을 다양하게 방법으로 노출 중이며, 신규 카테고리를 지속적으로 확장하고 있는 추세이다. 쇼핑 메인 화면 우측상단에는 핫딜, 해외직구, 기획전이 있다.

❶ 핫딜 : 전체 온라인 플랫폼 회사들이 행사로 진행하고 있는 상품들을 제휴하여 보여주는 영역이다.

❷ 기획전 : 스마트스토어 혹은 네이버 카테고리 기획전에 선정된 상품들이 취합되어 보인다.

❸ 베스트 100 : 카테고리별 가장 판매가 많이 일어난 상품들을 일, 주 단위로보여준다.

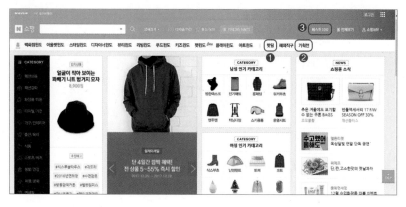

모바일에서는 PC보다 좀 더 간결한 항목으로 보이고 남성/여성으로 구분된 콘텐츠에서 로그인 연동 정보와 딥러닝에 따라 고객에게 맞춤형 상품을 제안한다.

필자는 위 화면을 캡처할 당시에 네이버에서 "롱패딩"을 검색하고 "나이키 운동화"를 검색했으며, 아이폰x 케이스를 실제로 구매했다. 네이버는 필자의 실제 검색과 구매 행위 정보가 담겨있는 검색 로그와 구매 로그를 연결지어 모바일 화면에는 30대 남성의 선호 상품과 개인의 패턴에 의한 상품을 나열하고 있다.

다음 그림에 있는 AiTEMS 추천 Beta 서비스 항목에 느낌표(❶)를 클릭하면 "딥러닝 알고리즘을 통해 맞춤형 추천 상품을 제공합니다."(❷)라는 메시지 창이 나타나는 것을 볼 수 있다.

- 쇼핑을 자주 하지 않아도 취향에 맞는 상품을 추천받을 수 있다.
- 신규 상품을 포함해 더욱 다양한 상품을 골고루 추천받을 수 있다.
- 이용자의 이력은 상품검색/클릭로그, 구매로그와 함께 콘텐츠를 검색하거나 클릭/소비한 로그를 활용하게 된다.
- 상품 메타정보의 경우 상품명, 카테고리명, 가격대, 판매처명, 상품ID 등의 텍스트 정보와 상품 이미지 정보를 모두 활용하게 된다.
- 이용자의 여러 서비스에서의 다양한 행위들이 어떤 의미로 묶일 수 있는지 해석하기 위해 적용되었다.
- 상품 카테고리, 가격, 이미지와 같은 서로 다른 형태의 데이터를 결합해 학습하기 위해 적용되었다.

정보의 홍수 속에서 발생한 너무 많은 상품 중 개인에게 적합한 상품을 제안하며, 혹시라도 놓치고 있는 상품에 대한 발견, 그리고 그것들을 연결해 최적의 상품을 제안하는 형태를 만들어 보겠다는 것이다.

기존 빅데이터와 같은 보편적 현상을 모든 고객에게 제안하는 것이 아니라 개인별 현상을 제공하게 됨으로써 카테고리 기준을 벗어난 쇼핑의 다양화를 만들어 간다고 필자는 해석된다.

쇼핑 검색 결과는 쇼핑 메인화면과는 다른 결과 값을 보여준다.

검색 결과의 전체 옵션 중 '네이버 쇼핑 랭킹순'을 클릭하면 적합도, 인기도, 신뢰도 지수로 구분돼 있으며 광고는 별도의 적용기준을 가지고 있다.

네이버 쇼핑 검색 결과 중 ⓘ광고 아이콘이 표시된 상품은 유료 광고로 통해서 노출된다. 이 상품은 적합도, 인기도, 신뢰도 지수가 아닌 별도의 광고 적용기준으로 노출된다.

❶ 적합도 지수 : 이용자가 입력한 검색어가 상품명, 카테고리, 제조사/브랜드, 속성/태그 등 사품 정보의 어떤 필드와 연관도가 높은지, 검색어와 관련하여 어떤 카테고리의 선호도가 높은지 산출하여 적합도로 반영하고 점수화합니다. 검색어에 따라 다음 2가지 점수가 달라집니다.

필드 연관도      카테고리 선호도

"유모차", "휴대용유모차"가 있다고 한다면 검색어에 따라 표현되는 카테고리가 다른 것을 의미한다.

"유모차"를 검색하면 "출산/육아 〉 유모차 〉 절충형/디럭스형" 카테고리가 우선 노출된다.

"휴대용유모차"를 검색하면 "출산/육아 〉 유모차 〉 초경량/휴대용" 카테고리가 우선 노출된다.

**21st버기 초경량 유모차**

**99,000원**

출산/육아 > 유모차 > 초경량/휴대용

신한*네이버페이 간편결제시 5% 청구할인(12/24~12/25, 최대2천원할인, 체크카드 포함)

상품평 92 · 등록일 2016.10. · 찜하기 204 · 신고하기 · 톡톡

이처럼 검색한 키워드에 따른 고객의 검색과 클릭이 많은 카테고리를 우선적으로 보여주는 것을 적합도 지수라고 한다.

❷ 인기도 지수 : 해당 상품이 가지는 클릭수, 찜수, 판매실적, 구매평수, 최신성 등의 고유한 요소를 카테고리 특성을 고려하여, 인기도로 반영된다. 인기도는 카테고리별로 다르게 구성되어 사용된다.

인기도는

"많이 찾고 많이 팔린 평이 좋은 신상품"

| 클릭수 찜수 | 판매 실적 | 리뷰수 | 최신성 |
|---|---|---|---|
| 최근 7일 쇼핑검색 Hit 찜하기 | 최근 2일/7일/30일 판매지수 | 카테고리별 상대지수 | 등록일순 신상품 일시적 랭킹 노출 유도 |

특히 클릭수(네이버 쇼핑을 통한 클릭수)라는 항목이 눈여겨 볼 만한한 부분이다.

외부채널에서 유입되는 클릭수는 인정하지 않는다는 의미와도 같으며 클릭 대비 판매 실절이 반드시 발생해야 하는 부분도 노출에 크게 영향을 미친다. 클릭수는 많지만 판매 실적이 없다면 의도적인 클릭으로 간주하고 상품 리스팅 순위를 뒤로 밀어버리는 현상이 자주 일어난다. 즉 전환율이 낮은 상품이라는 뜻이고, 고객 선호상품이 아니라고도 볼 수 있다.

찜수는 상품에 대한 고객의 찜하기 횟수(❶)를 의미하며, 고객이 선호하는 상품이기에 랭크순에 새롭게 편입되었다.

**내셔널지오그래픽 신형 캐리어 24 26 28 여행 용 가방**

**169,000원**

패션잡화 > 여행용가방/소품 > 하드캐리어 > 중대형

첫구매시 할인I톡톡 친구 추가시 할인I구매평 작성시 포인트 지급

리뷰2,411 · 등록일 2018.❶ · 찜하기1,804 · 신고하기 · 톡톡

정보 백파워 굿서비스

상품만 보기

포인트 1,590원 배송비 무료 도별일찰 적립 쿠폰 할인 구매정보

네이버는 타 사이트와 다르게 구매평수에 대한 점수를 크게 두고 있다.

다음은 필자가 판매한 아쿠아슈즈 상품이다. 이 상품의 경우 최초 등록 시 상품평이 없을 때는 "아쿠어슈즈" 검색어에 대한 검색 결과 2페이지 상단 노출을 유지하였으나 상품평(❶)이 늘어나기 시작하면서 1페이지 상단에 노출되었다.

※ 구매평을 유도하는 것은 공정위나 전자상거래법에 위배되는 행동이다.

최신성의 경우는 앞서 언급했던 고객의 검색 패턴에 따른 선호 상품 변화이다.

상품의 성격이 완전히 변경되는 경우도 있지만 일반적으로는 검색어의 패턴이 변경되는 경우가 많다.

앞의 예시를 다시 이야기하면 여행용캐리어의 경우 고객들이 겨울에는 부피가 큰 옷을 담기 위한 28인치 이상의 캐리어를 찾지만 여름이 되면 부피가 작은 옷을 담아 쉽게 이동할 수 있는 24인치 이하의 캐리어를 찾기에 검색어의 패턴은 변경된다는 것이다.

이럴 경우 다음과 같은 연관 검색어 영역, 쇼핑 연관 검색어 영역, 쇼핑 탭 등 3가지만 확인하면 된다.

위 3가지 중에 한 가지만 변해도 로직이 변화되는 경우가 있다.

네이버 쇼핑에 등록한 내 상품의 트래픽이나 주문량이 갑자기 줄어드는 경우 위의 3가지 영역을 확인하면 그 원인을 쉽게 파악할 수 있다.

▲ 연관 검색어 영역

▲ 쇼핑 연관 검색어 영역

▲ 쇼핑 탭

❸ 신뢰도 지수 : 네이버 쇼핑 패널티, 상품명 SEO 스코어

네이버 쇼핑 패널티는 매우 민감하게 관리해야 하는 항목 중 하나이
다. 일반적으로 네이버 쇼핑에서 판매활동을 하면서 패널티가 부과되
는 경우는 다음과 같은 3가지 정도이다.

발송처리 지연    상품품절로 인한 판매 취소    교환/반품처리 지연

어떤 항목이든 10점을 넘기게 되면 해당 상품은 직권중지 또는 판매제한
을 받게 된다.

각별히 신경 써서 관리해야 하는 부분이므로 해당 항목에 대한 관리가 철저하게 이루어져야 한다.

• 판매 관리 페널티 부과 기준

| 항목 | 상세 기준 | 패널치 부여일 | 점수 |
|---|---|---|---|
| 발송처리 지연 | 결제 완료일로부터 3영업일 이내 미발송(발송지연 안내 처리된 건 제외) | 발송처리기한 다음 영업일에 부여 | 1점 |
| | 결제 완료일로부터 7영업일 이내 미발송(발송지연 안내 처리된 건 제외) | 발송처리기한 +5 영업일에 부여 | 3점 |
| | 발송지연 안내 처리 후 입력된 발송예정일 이내 미발송 | 발송예정일 다음 영업일에 부여 | 2점 |
| 품절 취소 | 취소 사유가 품절인 건 | 품절 처리 다음 영업일에 부여 | 2점 |
| 반품처리 지연 | 수거 완료일로부터 3영업일 이상 경과되었으나 환불처리 또는 보류설정되지 않은 건 | 수거완료일 +4 영업일에 부여 | 1점 |
| 교환처리 지연 | 수거 완료일로부터 3영업일 경과되었으나 교환 재배송 처리 또는 보류설정되지 않은 건 | 수거완료일 +4 영업일에 부여 | 1점 |

상품명 SEO 스코어는 적합도에서 언급한 것과 연관된다.

적합도에서 설명한 상품명은 카테고리와 고객 검색 선호도에 따른 리스팅 변화라면 신뢰도 지수에서 상품명 SEO 스코어는 무분별한 키워드 난입을 막기 위한 네이버 내 정책이라고 필자는 이해하고 있다.

"신뢰도는 지켜지지 않으면 불이익을 받는다."

신뢰도는 네이버쇼핑패널티, 상품명 SEO 등의 요소를 통해 해당 상품이 이용자에게 신뢰를 줄 수 있는지를 산출한다.

RANK DOWN

# 3 _ 스마트스토어 개설 절차와 판매자 등급 이해하기

스마트스토어의 개설 절차는 다음과 같다.

- 1단계 : 스마트스토어 개설
- 2단계 : 스마트스토어 꾸미기
- 3단계 : 스마트스토어에 상품 등록하기

스마트스토어 판매자 등급은 최근 3개월 누적 데이터를 산정하여 매월 2일에 프리미엄, 빅파워, 파워, 새싹, 씨앗 등 5단계 판매 등급제가 적용된다.

스마트스토어를 개설하면 판매자 등급은 씨앗 단계이다. 씨앗부터 빅파워 등급까지는 G마켓, 옥션, 11번가 등 일반 오픈마켓 판매자 등급 기준과 별반 다를 것이 없다. 하지만 프리미엄 등급으로 단계가 상승하려면 일반 오픈마켓의 판매자 등급보다 많은 주문 건수와 매출액이 동반돼야한다.

또한 굿서비스는 최소 판매 건수 20건 이상인 판매자를 기준(구매확정 기준, 구매확정 후 취소 제외)으로 아래 서비스 조건을 모두 충족한 판매자에게 부여되고, 또한 굿서비스를 유지하기 위해서는 아래의 조건을 충족해야 한다.

- 굿서비스 선정 기준

1. 구매평 만족 : 구매평 평균 만족도 90% 이상
2. 빠른 배송 : 결제완료 후 영업일 2일 이내 배송완료가 전체 배송건수의 80% 이상
3. CS응답 : 고객문의 1일 이내 응답이 90%이상
4. 판매 건수 : 최소 판매 건수 20건 이상(구매확정 상품주문번호 기준, 직권취소 제외)

판매자 등급으로 인해 노출에 큰 영향을 주지는 않는 것으로 파악되지만 높은 등급이 될수록 상품을 등록할 수 있는 개수에 대한 조정이 있으므로 파워 이상 단계까지 노력해서 등급을 올려놔야 한다.

- 판매등급제 산정기준

| 등급명 | 판매건수 | 판매금액 | 상품한도 | 굿서비스 |
|---|---|---|---|---|
| 프리미엄 | 2000건 이상 | 6억원 이상 | 5만개 | 필수충족 |
| 빅파워 | 500건 이상 | 4천만원 이상 | | - |
| 파워 | 300건 이상 | 800만원 이상 | 30만개 | - |
| 새싹 | 100건 이상 | 200만원 이상 | 10만개 | - |
| 씨앗 | 100건 미만 | 200만원 미만 | 1만개 | - |

※ 판매자 등급에 따라 상품 등록 한도가 제한된다. 판매자 등급이 변경될 경우 상품 등록 구간도 변경될 수 있으며 기존 한도보다 낮아질 경우 신규 상품 등록이 제한된다.

나의 판매자 등급은 스마트스토어 관리자 페이지에서 [판매자정보]-[판매자등급] 메뉴를 클릭하면 확인할 수 있다.

파워, 빅파워, 프리미엄 등 높은 등급을 받게 되면 검색 결과 우측 상점명 아래 아이콘이 활성화된다. 파워 등급 아래인 새싹, 씨앗 등급은 아무런 아이콘이 표시되지 않는다. 또한 굿서비스 조건을 만족하는 판매면 상점 명 아래 '굿서비스'가 표시된다.

## 4 _ 스마트스토어 수수료와 정산 주기 이해하기

스마트스토어의 수수료 유형은 3가지이고, 상품 판매로 인해 과금되는 수수료는 2가지 종류가 있다. 네이버페이 결제수수료는 결제 수단별로 결제수수료가 모두 다르게 과금되며, 상품 주문 시 구매자가 선택한 결제수단에 따라 각각 과금된다.

네이버 쇼핑 매출 연동 수수료는 스마트스토어의 상품을 네이버 쇼핑 서비스에 노출하도록 연동시킨 경우 네이버 쇼핑에 노출된 상품의 주문/판매가 이루어지면 건당 연동 수수료 2%가 추가 과금된다. 즉 네이버 쇼핑에 노출시키지 않으면 연동 수수료는 과금되지 않는다.

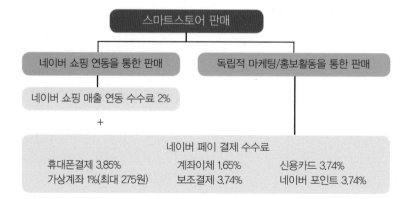

- 입점/등록/판매 수수료 : 무료
- 네이버 쇼핑 매출 연동 수수료(VAT 포함) : 2%
- 네이버페이 결제 수수료(VAT 포함) : – 신용카드 : 3.74%
  - 계좌이체 : 1.65%
  - 무통장입금(가상계좌) : 1% (최대 275원)
  - 휴대폰 결제 : 3.85%
  - 네이버페이 포인트 : 3.74%

※ 단, 수수료는 2018년 3월 기준이며, 시기에 따라 변동될 수 있다.

스마트스토어 판매 수수료는 타 오픈마켓처럼 카테고리별로 책정되지 않는다. 전체 카테고리 동일하게 결제 수수료 기준으로 움직이며 유입경로에 따라 추가 수수료가 책정된다.

대부분의 고객들이 신용카드로 결제하기 때문에 최대 수수료를 3.74%라고 생각해야 한다.

하지만 네이버 쇼핑의 유입이 90%이상을 차지하기 때문에 다음과 같이 책정해 두는 것이 판매를 하는데 있어서 계산하기 쉽다.

쇼핑 연동 수수료 2% + 최대 결제 수수료 3.74% = 5.74%

일반적인 스마트스토어 판매자들은 수수료 6%로 책정해두고 판매를 시작한다.

스마트스토어의 정산주기는 다음과 같다.

- 주문 종료 + 1 영업일에 정산된다.

정산건으로 진행된 주문건이 고객과의 완전한 거래 완료 후 정산이 된다는 의미로 받아들이면 된다.

- 주문이 종료(구매확정, 반품완료, 교환완료)되는 시점으로 부터 + 1 영업일째 정산된다.

# 스마트스토어
# 회원가입 및 판매자 전환하기

오픈마켓 등 대부분의 판매채널과 마찬가지로 스마트스토어 역
시 판매 회원은 개인판매자, 사업자판매자, 글로벌판매자로 구분
되어 진다.

가장 일반적인 절차는 개인판매자 전환 후 사업자 판매자로 전
환하는 형태이다.

판매 전환이 완료되면 스마트스토어 관리 어드민에 접속이 가능
하고 각각의 메뉴를 익혀 두어야 판매 시작 이후에 실수를 줄일
수 있다.

# 1 _ 스마트스토어 판매자 입점 절차와 준비 서류

스마트스토어의 입점 절차는 다음과 같다.

- 1단계 : 스마트스토어 회원가입 신청
- 2단계 : 서류 심사
- 3단계 : 가입심사 및 승인

위 과정을 거쳐 승인이 완료되면 개인 또는 사업자로 자신만의 스토어를 통해 판매 활동을 시작할 수 있다.

네이버에서 스마트스토어 서비스로 온라인 가게를 만들기 위해서는 판매자로 입점(회원가입) 해야 한다. 즉 판매자로 전환해야 된다. 스마트스토어 판매자는 개인, 사업자, 해외거주 개인 및 사업자로 구분된다. 사업자 등록 전 상태라면 우선 개인 판매자로 가입 후 사업자 회원으로 전환할 수 있다.

판매자별 입점(가입) 조건은 다음과 같다.

❶ 개인
- 성인 : 필요 없음
- 미성년자(만 19세 미만/생년월일 기준) : 법정대리인 동의서 원본 1부, 법정대리인 증명서 (가족관계증명서 등) 사본 1부, 법정대리인 인감증명서 사본 1부

❷ 사업자
- 개인사업자 : 사업자등록증 사본 1부, 통신판매업신고증 사본 1부, 대표자 인감증명서 (또는 대표자 본인서명사실확인서) 사본 1부, 대표자 혹은 사업자 명의 통장 (또는 계좌개설확인서, 온라인통장표지) 사본 1부

- 법인사업자 사업자등록증 사본 1부, 법인 명의 통장 사본 1부, 통신판매업신고증 사본 1부, 법인 등기사항 전부 증명서 사본 1부, 법인 인감증명서 사본 1부

※ 단, 개인 판매자의 경우 6개월 평균 10건 이상의 판매와 매출액 600만원 매출을 달성하면 사업자로 전환해야 한다.

## 2 _ 스마트스토어 판매자 회원가입하기

입점 서류가 준비되었으면 판매자로 가입한다. 개인, 사업자 판매자의 가입 절차는 유사하며 개인 판매자를 기준으로 설명하고 사업자 가입 절차 중 특이사항만 별도로 설명한다.

**01** 네이버 스마트스토어 센터(https://sell.smartstore.naver.com)에 접속한다. 메인화면 우측 상단의 [스토어 만들기] 버튼을 클릭하거나 [스마트스토어 시작하기] 버튼을 클릭한다.

※ 스마트스토어는 구글 크롬 브라우저로 접속해야 안정적으로 사용이 가능하다.

**02** 스마트스토어센터의 판매자 회원으로 가입한다. '신규판매자 가입'을 클릭한다.

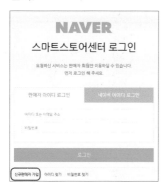

**03** 스마트스토어 회원가입 창에서 [네이버 아이디로 가입] 또는 [새로운 아이디로 가입] 버튼을 클릭한 후 절차에 따라 회원가입을 진행한다.

※ 네이버 아이디로 가입하면 별도로 로그인을 하지 않아도 네이버에 로그인 되어 있는 상태에서는 언제든지 바로 로그인이 가능하다. 하지만 네이버 아이디를 여러 개 사용하거나 여러 개의 스마트스토어를 관리해야 하는 경우 '새로운 아이디로 가입'으로 가입하면 된다. 네이버 아이디는 총 3개까지 가입 가능하다.

- [네이버 아이디로 가입] 버튼을 클릭하면 네이버에 가입된 이름과 이메일 주소가 뜨며 이메일 주소가 자동으로 입력되므로 휴대전화와 이메일 주소 인증만 받으면 된다.
- [새로운 아이디로 가입] 버튼을 클릭하면 이름과 휴대전화 번호 그리고 로그인할 아이디를 이메일 형식으로 입력하고 이메일 주소를 인증 받으면 된다.

▲ 네이버 아이디로 가입          ▲ 새로운 아이디로 가입

**04** 이메일 주소 인증과 개인정보 수집동의가 정상적으로 이루어졌다면 회원가입이 완료된다. "회원가입이 완료되었습니다." 창이 나타나면 [판매자정보입력하기] 버튼을 클릭한다.

**05** 이제부터 스마트스토어의 가입이 시작된다. 가장 먼저 판매자의 유형을 선택한다. 개인으로 가입한 후 사업자등록을 신청하면 사업자로 전환할 수 있다. 여기서는 [개인]을 클릭한 후 [다음] 버튼을 클릭한다.

06 판매자 유형을 선택한 후에는 실명인증을 해야 한다. 본인 명의의 휴대폰으로 인증을 받아야 한다.

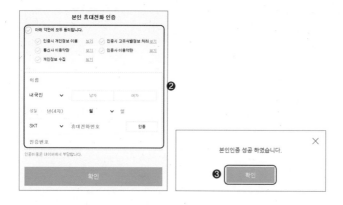

**07** [가입하기] 버튼 클릭 후 대행사 정보 선택에서 [선택없음]을 선택하고 [다음] 버튼을 클릭한다. 대행사는 추후에도 설정이 가능하다.

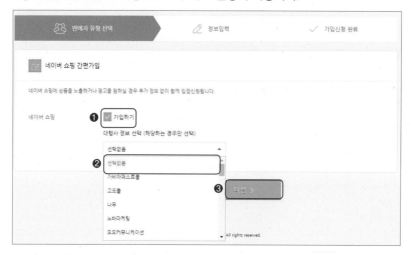

**08** 해외상품을 판매하거나 건강기능식품, 의료기기 관련, 전통주 등을 판매하는 경우 그에 관련된 서류를 업로드해야 한다. 해당 사항이 있으면 체크하고 없다면 선택 없이 [다음] 버튼을 클릭한다.

**09** 추가 약관 동의에서 "이용 약관에 모두 동의합니다."를 클릭한 후 [다음] 버튼을 클릭한다.

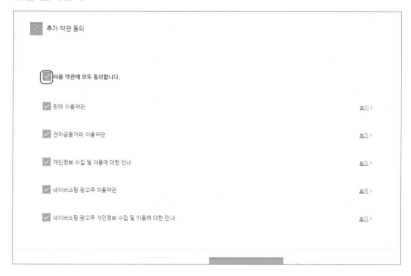

**10** 여기부터는 판매자의 정보를 입력하는 단계이다. 회원가입 시 입력한 정보에 따라 판매자명, 연락처, 이메일 주소는 자동으로 입력, [주소찾기] 버튼을 클릭하여 사업장 주소지를 검색하여 넣는다. 개인 판매자의 경우 현재 사업장이 없으므로 집 주소 또는 출고지를 검색하여 넣는 것도 방법이 된다.

**11** 다시 한 번 휴대폰 인증을 하고 [다음] 버튼을 클릭한다.

**12** 이제부터는 회원가입 절차에서 가장 중요한 부분인 채널 정보 입력이다. 스마트스토어 이름을 입력하고 주소를 입력하는 부분으로 신중하게 입력해야 한다.

- 스마트스토어 이름 : 1~14자, 한글, 영문, 숫자 사용 가능하다. 너무 긴 이름 보다는 간결하고 외우기 쉬운 이름을 입력한다.
- 스마트스토어 주소 : 2~30자, 영문과 숫자, 특수문자 사용 가능하다. 주소는 짧을수록 좋다.

**다음은 스마트스토어 이름과 주소 예시이다.**

- 스마트스토어 이름 : 페더스
- 스마트스토어 주소 : feathers

소개글은 기본 정보관리에서 수정이 가능하므로 간단한 소개글 또는 관련 키워드를 입력한다. 채널 정보 입력을 마쳤으면 [다음] 버튼을 클릭한다.

※ 스마트스토어 주소는 가입 후 수정이 불가능하며, 스마트스토어 이름은 가입 후 1회만 수정이 가능하다. 만약 스마트스토어 주소와 이름을 변경하고 싶다면 탈퇴 후 30일 이후에 재가입하는 방법 밖에 없다.

※ 스마트스토어 특성상 주소를 직접 입력해서 접속하는 경우는 많지 않기 때문에 주소보다는 이름이 더 중요하다. 또한 [스마트스토어관리]-[스토어 관리] 메뉴를 클릭한 후 스토어 URL 영역에서 개인 도메인(com, co.kr, kr 등)으로 포워딩(연결)이 가능하다.

**13** 판매하고자 하는 상품이 포함되는 대표 카테고리를 선택하고 출고지/반품지, 계좌인증을 완료하면 개인 판매자 전환이 완료된다. 사업자로 전환하고 싶다면 1번이나 2번 항목으로 되돌아가 사업자 전환 또는 사업자 판매자로 처음부터 가입하면 된다.

배송과 정산 정보를 입력한다. 먼저 상품의 출고지와 반품/교환 주소를 입력하고, 정산 대금 입금계좌에 판매자 명의의 계좌번호를 입력한다. '정산대금 입금계좌'를 선택하고 [신청 완료] 버튼을 클릭한다.

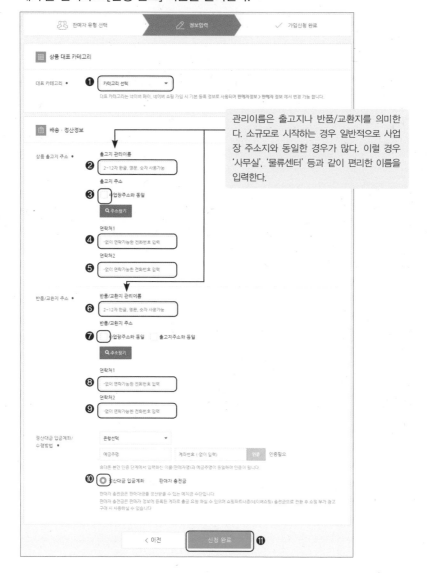

**14** 스마트스토어 판매자 회원가입이 모두 완료되었다. 스마트스토어 판매자센터 관리자 페이지가 나타난다. 관리자 페이지에서 상품관리, 노출채널관리, 판매관리, 정산관리, 혜택관리, 문의관리 등을 한눈에 확인할 수 있고 세부적으로 관리할 수 있다.

※ 스마트스토어 계정 추가 조건
스마트스토어의 계정을 추가하려면 다음과 같은 조건을 충족시켜야 한다.
• 회원 가입일로부터 6개월 이후이어야 한다.
• 최근 3개월 총매출액이 800만 원 이상이어야 한다.
• 최근 3개월 동안 판매만족도 기준 85% 이상이어야 한다.
• 최근 3개월 내 이용정지 등의 패널티를 받은 이력이 없어야 한다.
단, 개인 판매회원의 경우 추가 개설이 불가능하다.

이번에는 개인 판매자에서 사업자 판매자로 전환 과정에 대해서 알아보자.
사업자 판매자로 전환 시에는 범용공인인증서가 필요하다. 주거래 은행에 방문하여 개인범용공인인증서를 발급받아 사업자 전환 시에 사용하면 된다. 또한 사업자 판매자가 되기 위해서는 사업자 등록증, 통신판매업신고증, 구매자서비스이용확인증, 대표자 인감증명서 사본1부(발급일 3개월 이내)가 필요함으로 미리 발급받아 준비해 두어야 한다.

## 개인 판매자에서 사업자 판매자로 전환하기

사업자 등록을 하지 않으신 경우 개인 판매자로 활동이 가능하다. 회원가입 이후 사업자등록을 하셨다면 스마트스토어센터 관리자 페이지에서 [판매자 정보]–[사업자 전환] 메뉴를 통해 사업자로 전환할 수 있다.

사업자 전환 페이지에서 사업자 정보, 배송 및 정산 정보를 수정할 수 있고, 서류 첨부란에서 사업자 등록증, 대표자 인감증명성 사본, 사업자명의통장 사본, 통신판매업 신고증 사본 등 관련 서류를 제출할 수 있다.

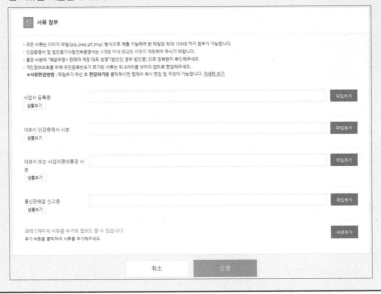

**01** 사업자 판매자로 가입하기 위해서는 판매자의 유형 중 [사업자]를 클릭한 후 [다음] 버튼을 클릭한다.

**02** 사업자등록번호 확인 과정을 거친 후 사업자 정보 입력란에서 사업자 관련 정보를 입력하여 가입을 완료한다.

## 3 _ 한눈에 살펴보는 스마트스토어 관리자 페이지 메인 화면

스마트스토어 관리자 페이지는 스토어를 꾸미고, 상품을 등록하고 관리 등 판매 활동에 필요한 모든 사항을 직접 관리할 수 있다.

스마트스토어 관리자 페이지(Admin)는 상점 운영 목적별 페이지로 바로 이동할 수 있는 '상단 메뉴', 상점 운영 목적별 기능을 제공하는 '메인 메뉴', 스마트스토어의 새로운 소식 등을 알려주는 '공지 사항', 상품 Q&A와 고객문의 등에 대한 처리율과 미답변 사항을 알려주는 '고객응대 관리 현황', 즉시 처리해야 될 주요 기능을 모아서 보여주는 '현황 메뉴' 등으로 구성되어 있다.

### ❶ 상단 메뉴

• 스마트스토어센터 : 좌측의 '스마트스토어센터'를 클릭하면 관리자 페이지 메인화면으로 이동합니다.

• 내정보 : 회원정보를 변경 관리할 수 있고 회원탈퇴를 할 수 있다.

• 도움말 : 1:1문의와 자주 묻는 질문을 메뉴별로 제공하고 찾아볼 수 있다.

### ❷ 스마트스토어 바로가기/퀵 메뉴

스마트스토어명이나 프로필 사진을 클릭하면 판매자의 스마트스토어로 바로가기 한다. 퀵 메뉴는 수취인명, 구매자명, 구매자연락처, 구매자ID, 주문번호, 상품주문번호, 상품번호, 운송장번호 등으로 관련 내용을 빠르게 검색할 수 있다.

### ❸ 메인 메뉴

| | |
|---|---|
| 상품 관리 | 상품 등록·상품 일괄등록, 상품 정보 조회/수정, 갤러리 관리, 배송비 관리, 공지사항 관리 등을 설정할 수 있다. |
| 노출채널 관리 | 기획전 관리, 럭키투데이, 비즈니스 서비스 설정, 가격비교 설정, SNS 설정 등 노출 채널을 관리할 수 있다. |
| 판매 관리 | 주문조회, 미입금확인, 발주/발송 관리, 배송현황 확인, 구매확장 내역, 취소 관리, 반품 관리, 교환 관리 등 주문 이후에 발생되는 모든 상품의 판매를 관리할 수 있다. |
| 정산 관리 | 정산 내역보기, 정산 상세보기, 부가세신고, 세금계산서, 충전금관리 등 판매자의 상품 대금이 언제(정산예정일, 정산완료일), 얼마나(정산금액), 어떻게(계좌이체 혹은 충전금) 처리되는지 확인할 수 있다. |
| 혜택 관리 | 상품할인 쿠폰, 스토어찜 할인 쿠폰, 배송비 할인 쿠폰 등 다양한 쿠폰을 생성 및 관리할 수 있고, 포인트 관리를 할 수 있다. 고객의 적립금 상황을 조회 및 관리할 수 있다. |
| 문의 관리 | 상품 문의, 댓글 등을 관리할 수 있다. |
| 톡톡상담관리 | 고객 관리에 유용한 네이버 톡톡 서비스와 여러 비즈니스 서비스를 설정할 수 있다. |
| 스마트스토어 관리 | 스마트스토어의 기본 정보(스마트스토어/판매자 정보)관리와 네이버 서비스 연동, 스마트스토어 꾸미기 등을 할 수 있다. |
| 고객 관리 | 신규고객, 재구매고객 또는 타겟팅 고객에게 혜택을 제공 및 관리할 수 있다 |
| 통계 | 주문, 유입, 판매, 마케팅 분석 및 고객 현황을 파악할 수 있다. |
| 판매자 정보 | 판매자, 담당자, 정산, 배송 정보 등을 설정하고 상품 대표 카테고리를 지정할 수 있다. |
| 지적재산권 관리 | 권리자가 직접 자신의 권리를 침해하고 있는 상품에 대한 적극적인 신고를 통해 권리를 보호할 수 있다. |
| 공지 사항 | 스마트스토어의 새로운 소식 등을 확인할 수 있다. |

### ❹ 공지사항

스마트스토어의 새로운 소식 등을 확인할 수 있고 '더보기'를 클릭하면 공지사항 페이지로 이동한다.

### ❺ 운영 관리 현황

입금 및 주문 상황, 배송 상황, 취소, 반품, 교환 상황, 정산 및 충전금 상태 등 운영 관리에 필요한 핵심 내용을 실시간으로 확인할 수 있다.

### ❻ 현황 메뉴

매출 통계, 상품, 고객, 톡톡의 미답변 문의, 판매중인 상품과 수정요청 상품 건, 패널티 점수와 건수, 판매 지연 현황, 스토어 방문자수 찜, 톡톡 친구 등 현황, 구매확정 건수 등의 현황을 한눈에 확인 수 있다.

# LESSON

## 04

# 스마트스토어 꾸미기

스마트스토어는 SHOP(개인 쇼핑몰) 개념의 쇼핑몰이다.

UX(소비자경험)를 반영하여 몰의 메인페이지를 구성하고 카테고리를 클릭할 때마다 나오는 상품의 배열을 정비해야 한다.

판매자는 고객이 한 개의 상품을 쇼핑하러 인입되어 3개 이상의 상품을 쇼핑하고 이탈해야 매출에 좋은 효과를 볼 수 있게 된다.

위의 효과를 보기위해 SHOP의 레이아웃 배치를 설정하는 것이 꾸미기 기능이다.

# 1 _ 스마트스토어 전시 관리 꾸미기

스마트스토어는 블로그와 같은 형태를 지닌 샵(Shop) 형태의 플랫폼이다. 디자인에 익숙지 않는 초보 판매자도 누구나 쉽게 만들 수 있다. 다양한 스킨과 배너가 무료로 제공된다. 판매 중인 상품이 5개 미만일 경우와 그 이상일 경우 중 자신의 상황에 맞는 쇼핑몰 스킨을 선택적으로 사용할 수 있다. 개인 쇼핑몰에서 사용하는 UX(사용자경험)에 따른 상품의 배치와는 조금 다르지만 최근 1개의 상품만이 아닌 샵에 있는 상품을 둘러보는 고객이 많아지기 시작했기에 꾸미기를 기본적으로 해두는 것이 좋다.

스마트스토어 플랫폼은 다음과 같이 심플형, 큐브형, 스토리형, 트랜디형 4가지 유형이 제공된다.

❶ 심플형 : 기본 스타일이면서 웹브라우저 호환성이 좋다.
❷ 큐브형 : 이미지 강화형으로 텍스트가 많이 배제되는 것이 단점일 수 있다.
❸ 스토리형 : 하나의 콘텐츠에 많은 정보를 담아 설명할 수 있으며 고가의 의류나 잡화, 스토리가 있는 상품에 적합하다.
❹ 트랜디형 : 개인쇼핑몰과 가장 유사한 느낌의 UI를 전달할 수 있는 장점이 있다.

▲ 트렌디형　　▲ 스토리형　　▲ 큐브형(상품 5개미만　▲ 심플형
　　　　　　　　　　　　　　　전용 탬플릿)

**01** 스마트스토어 관리자 페이지에서 [스마트스토어관리]–[PC 전시 관리] 메뉴를 클릭한다.

**02** PC 전시 관리 페이지에서 상단의 [테마관리] 탭을 클릭한 후 트랜디형, 스토리형, 큐브형, 심플형 심플 중 한 가지 유형을 선택한 후 하단의 [적용하기] 버튼을 클릭하면 변경된다. 하단의 [미리보기]를 클릭하면 적용 상태를 미리 확인할 수 있다.

> 판매하려는 상품 개수가 5개 미만인 경우에 선택하면 전용 탬플릿이 적용된다.

**03** [배경관리] 탭을 클릭하고 스토어 배경 색상으로 사용할 배경색을 클릭한 후 [적용하기] 버튼을 클릭하면 변경된다. 하단의 [미리보기]를 클릭하면 적용 상태를 미리 확인할 수 있다.

※ 단, 제공되는 색상 외 다른 색상으로는 변경할 수 없다.

**04** [레이아웃 관리] 탭을 클릭하고 스토어의 카테고리 위치를 좌측 또는 우측으로 선택해준다. 선택을 완료하면 블로그에서 위젯을 설정하듯 우측에 체크박스를 활성화해주면서 필요한 영역만 꺼내어 전시할 수 있다. 각 항목별로 관리 버튼을 클릭하면 해당 영역에 대한 상품 노출 개수 및 전시 순서 레이아웃 등을 설정할 수 있다.

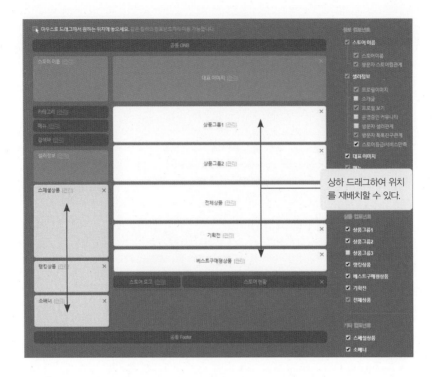

상하 드래그하여 위치를 재배치할 수 있다.

**05** [컴포넌트 관리]를 클릭하면 4번 항목에서 관리를 클릭해서 설정해야 하는 영역을 한눈에 보면서 설정이 가능하다. 좌측에서 영역을 선택하고 우측에서 타이틀, 전시유형, 노출개수, 전시순서, 상품을 선택하여 자유롭게 설정이 가능하다. 좌측에 있는 모듈을 하나씩 클릭해 보면서 우측에 나오는 세부항목을 설정해 주면 된다.

**06** [메뉴 관리]를 클릭한 후 하단에 있는 메뉴 항목을 클릭하면 그 외 기본적으로 설정해야 하는 항목들로 이동하게 된다. 소개페이지, 스페셜 상품은 필수적으로 설정해 두어야 하며 스마트스토어 내에 접속하는 고객들에게 팝업창으로 공지사항을 보여주고 싶다면 공지사항 버튼을 클릭하여 배송안내, 이벤트, 스토어찜, 톡톡친구 맺기 등으로 연결해 줄 수 있다.

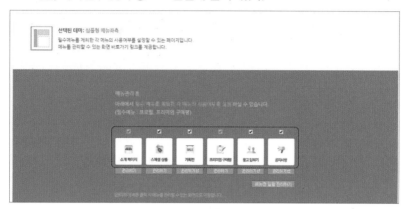

**07** [스마트스토어 관리]–[모바일 전시 관리] 메뉴를 클릭한다.

**08** 기본형과 매거진형 중 하나를 선택하고 좌측에 그리드, 리스트, 이미지 중 한 가지를 선택한 후 [적용하기] 버튼을 클릭하여 설정한다.

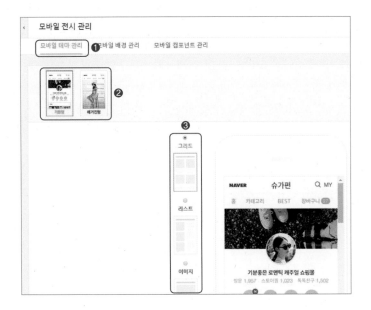

**09** 모바일 전시 관리에서 [모바일 배경 관리] 탭을 클릭하고 원하는 색상을 선택한 후 하단의 [적용하기] 버튼을 클릭하여 설정한다.

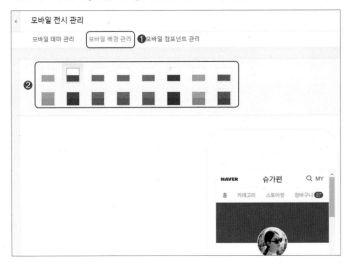

**10** [모바일 컴포넌트 관리] 탭을 클릭하여 타이틀 이미지를 적용하고 아이템 영역을 클릭하여 보여주고자 하는 상품을 우선 정렬하여 노출시킨다.

## 2 _ 카테고리 만들고 꾸미기

스마트스토어의 카테고리를 만들고 관리하는 방법에 대해서 알아보자.

**01** 패션 아이템을 판매하는 판매자들이라면 카테고리 관리를 클릭하여 일부 수정을 해줄 필요가 있다. 플랫폼에서 제공하는 카테고리를 활용하면 상품이 많아질수록 카테고리가 복잡해지기 때문에 개인 쇼핑몰을 운영하듯이 좌측 카테고리를 이미지형으로 직접 설정해 주는 것이 좋다. [스마트스토어 관리]-[카테고리 관리] 메뉴를 클릭한 후 카테고리 관리 페이지의 상단 전시방식에서 '전시 카테고리 생성 후 상품 카테고리 연결' 라디오 버튼을 클릭한다.

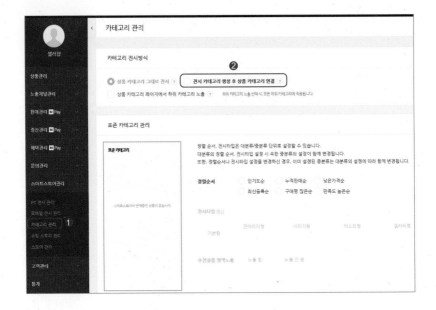

**02** 전시 카테고리 관리 영역에서 [카테고리 추가] 버튼을 클릭한 후 원하는 카테고리명을 입하고 [확인] 버튼을 클릭한다.

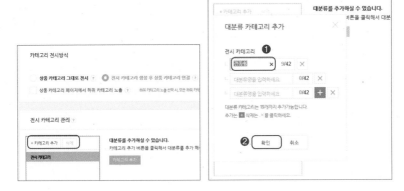

※ 대분류 카테고리는 19개까지 추가로 만들 수 있고 [삭제] 버튼을 클릭하거나 [×] 버튼을 클릭하면 카테고리를 삭제할 수 있다.

**03** 새로 만든 카테고리를 선택한 후 이미지로 변경의 '변경' 라디오 버튼을 클릭한다. 마우스 오버했을 때와 하지 않았을 때의 이미지(❸)를 색상 변경 정도로만 설정하여 서로 다른 이미지를 넣어준다. 이미지의 크기는 최대 가로 180px, 세로 50px이므로 간격을 조절하여 카테고리 설정을 하면 좀 더 디자인적인 스마트스토어 카테고리를 설정할 수 있게 된다.

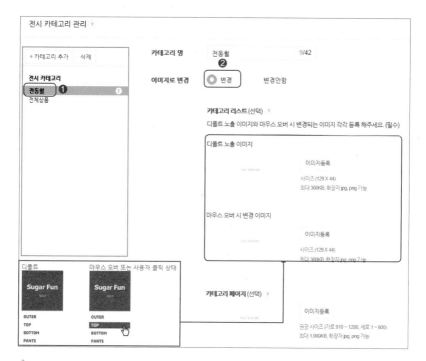

전시 카테고리 관리 ?

※ 대분류를 선택한 상태에서 [카테고리 추가] 버튼을 클릭하면 중분류 카테고리를 만들 수 있고, 카테고리 상하 버튼(∧, ∨)을 클릭하면 위아래로 이동시킬 수 있다.

**04** 위와 같은 방식으로 다양한 카테고리를 만들 수 있다.

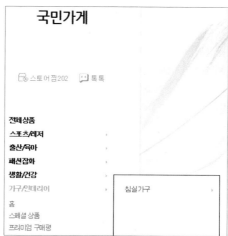

# 스마트스토어
# 상품 판매 관리하기

네이버 쇼핑 가이드(2017. 12. 07기준)에 공지된 내용을 살펴보면 네이버 쇼핑에 잘 노출되기 위한 스마트스토어 노출 정렬 방식에 대한 설명과 그에 부합한 상품 등록을 해야 쇼핑 상위에 노출할 수 있다고 안내하고 있다. 이 장에서는 Chapter 01에서 간략하게 언급했던 내용을 좀 더 다양한 측면에서 설명하고 여러 사례를 통해 노출 구조를 이해할 수 있다.

네이버 쇼핑의 노출은 정확한 명제가 존재하지 않기에 내 상품의 노출 구조를 파악하고 반복적인 테스트를 통해 검색 상위 첫 페이지에 노출이 가능하다.

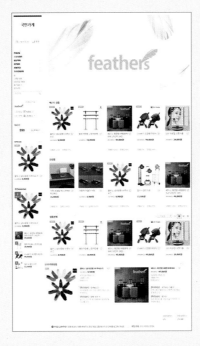

# 판매 활성화를 위한 스마트스토어 최적화시키기

상품의 노출이 잘 되기 위해서는 SHOP 전체적인 최적화와 카테고리별 최적화, 상품의 최적화가 일관성 있게 이루어져야 한다. 기본적인 고정 설정부터 상품별 선호도에 부합한 설정까지 스마트스토어는 세세하게 신경써야 할 부분이 많다.

기초 설정을 잘 해두어야 많은 양의 데이터를 수집하고 다양한 노출을 가져갈 수 있으므로 하나하나 따라하기 방식으로 필수 적용해 둬야 한다.

스토어의 상품 판매 활성화를 위해서는 가장 기본적으로 스토어의 정보를 설정하는 것이다. 그 외 검색 설정, 톡톡, 애널리틱스 등 비즈니스서비스를 함께 연동하고 추가적인 노출, 관리, 통계를 활용해 스마트스토어 판매를 더욱더 활성화할 수 있다.

# 1 _ 스마트스토어 정보 설정하기

스토어의 상품 판매 활성화를 위해서는 가장 먼저 스토어의 타이틀(❶)을 제대로 설정해야 한다. 스마트스토어의 타이틀과 소개는 스토어의 특징을 가장 잘 나타낼 수 있는 단어나 브랜딩 목적의 단어들을 사용하되 최대 25자를 적용할 수 있다.

**01** [스마트스토어관리]–[스토어 관리] 메뉴를 클릭한다.

**02** 스토어 정보 페이지가 나타난다. 스토어명의 경우는 최초에 판매자 전환 및 가입을 하면서 설정한 부분이다. 단, 1회에 한해서 수정할 수 있다.

최근에 웹문서와 사이트가 통합하면서 웹사이트 영역(❶)에 노출되고 있다. 기존 스토어 소개에 입력한 키워드가 사이트 영역에 노출되었지만 통합으로 인해 노출이 제한되고 있다.

**03** 스토어명에 노출시킬 키워드를 입력한다면 사이트 영역에 추가 노출이 가능하다. 하지만 특정 한개 키워드 노출을 위해 그 키워드를 스토어명에 넣는 것은 바람직한 행위가 아니다.

예를 들어, '여행용캐리어' 키워드에 스토어를 노출시키기 위해 아래와 같이 스토어명을 '여행용캐리어'라고 설정하는 것은 바람직하지 않다는 것이다.

**04** 스토어명(❶)은 네이밍을 강화할 수 있는 이름으로 설정해주고, 스토어 소개(❷) 입력란에 비즈니스와 연관성이 높은 키워드를 작성하여 웹사이트 영역에 노출되기를 희망해야 한다.

**05** 다음은 스토어 소개 입력란에 입력한 키워드 중 '왈러스 아쿠아슈즈'의 검색 결과 웹사이트 영역에 노출된 스마트스토어와 스마트스토어 상품 페이지이다.

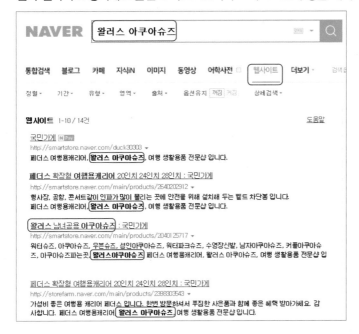

**06** 최근 네이버 공지를 보면 홈페이지 및 스마트스토어는 노출에서 제외된다는 내용을 볼 수 있다. 하지만 타이틀을 설정하는 부분에서 해당 내용은 내 샵이 어떤 것을 추구하고 있다는 것을 네이버 봇(Bot)에게 인지시키는 부분이므로 관련성이 높은 키워드를 넣어 주는 것이 좋다.

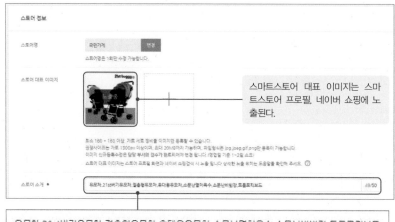

## 2 _ 비즈니스 서비스 설정하기

스토어 정보 설정이 완료되었다면 이제 스토어의 상품 판매를 더욱 활성화시켜보자.

스토어의 상품 판매를 활성화시키기 위해서는 우선 보다 많은 사람들에게 다양한 방법으로 접근하고 효과적으로 노출시킬 수 있어야 한다. 여기서는 노출과 연관된 다양한 비즈니스 서비스를 설정한다.

**01** 스마트스토어 관리자 페이지에서 [노출채널관리]–[비즈니스 서비스 설정] 메뉴를 클릭한다.

**02** 비즈니스 서비스에는 네이버 쇼핑, 쇼핑윈도, 그라폴리오, modoo, 네이버 톡톡, 네이버 애널리틱스, 네이버 사이트 검색 등록, 네이버 스마트플레이스, API 등이 있으며 운영 목적에 따라 필요한 서비스를 활성화시킨다.

각 서비스 우측에는 활성화/비활성화 시킬 수 있는 라디오 버튼이 있다. 회색 상태의 라디오 버튼을 우측으로 밀면 초록색으로 서비스를 활성화시킬 수 있다.

---

**✒ 스마트스토어 판매자가 반드시 알아야할 내용**

❶ 네이버 톡톡은 주제별 기획전, 상품지수 등에 연관이 되어져 있기 때문에 스마트스토어 판매자라면 필수로 설정해줘야 한다.

❷ 네이버 쇼핑 노출을 비활성화하면 쇼핑에 노출이 되지 않기 때문에 항상 활성화를 유지해야 한다.

❸ 네이버 애널리틱스는 이 책의 마지막 챕터에 나오는 비즈 어드바이저와 비교하면서 내 SHOP의 고객 경로를 이해하는데 필수적인 로그 분석 툴이다. 판매시작 전에 연동 설정을 완료해야 판매 관련한 전체적인 데이터를 수집할 수 있다.

---

**03** 여기서는 가장 하단의 API 서비스 라디오 버튼을 우측으로 밀어 활성화시킨다. 그 외 네이버 톡톡, 네이버 애널리틱스 서비스도 녹색 라디오 버튼이 활성화되도록 밀어 준 다음 연동을 한다.

애널리틱스의 경우 스마트스토어 계정과 같은 네이버 아이디 소유자의 명의로
만 연동이 가능하다. 발급 ID는 네이버 애널리틱스(http://analytics.naver.com)
의 사이트 관리에서 발급받을 수 있다. 자세한 내용은 "Chapter 04의 Lesson
03 스마트스토어 통계와 비즈 어드바이저"를 참조한다.

네이버 톡톡은 연동을 완료한 후 스마트 폰에서 네이버톡톡 서비스를 검색하여
앱을 설치하고 실시간 상담에 대한 내용을 처리해 주면 된다.

스마트스토어 블로그에서 진행하는 주제별 기획전, 타임특가 등은 톡톡 연동
서비스를 완료하지 않았을 시에 신청조차 불가능하다.

사이트 검색 노출 설정에 따른 사이트 검색에 노출시킬 수 있다. 단, 판매중인
상품이 없는 경우 설정 버튼이 활성화되지 않는다. 판매 중인 상품이 등록된 후
설정 버튼 활성화까지 약 1~2시간 정도 소요될 수 있다.

# 노출 순위가 결정되는 핵심 요소

네이버 쇼핑 랭크순을 이해하고 키워드 선호도를 조합하여 상위에 노출되는 방식을 이해해야 한다. 네이버는 다른 마켓처럼 순수 판매량만을 기준으로 상위노출이 불가능하다. 적합도, 인기도, 신뢰도 지수에 표기되어 있는 항목들에 해당하는 내용들을 숙지하고 수정 반영하면서 노출순위의 변화를 체크해야 한다. 단, 상품의 노출이 높다고 하여 판매량이 늘어난다는 보장은 없으니, 고객이 보고 싶어 하는 상품이 무엇인지를 먼저 파악해야 한다는 것은 잊지 말아야 하는 부분이다.

# 1 _ 노출 최적화를 위한 쇼핑 랭크순 이해하기

스마트스토어 타이틀 설정을 완료하였다면, 이제 상품을 등록해야 한다. 상품은 다음 섹션에서 설명하는 순서대로 따라하면 어렵지 않게 등록할 수 있다. 하지만 상품은 정상적으로 등록시키는 것보다 제대로 등록해야 한다.

그 이유를 다음 사례로 살펴보자.

네이버 쇼핑 검색 창에서 "봄원피스" 키워드를 검색해본다. 여기서는 봄원피스로 등록된 상품의 개수가 총 363,711개(❶)이다. 약 36만개 상품이 등록되어 있다.

기본적으로 검색 결과 첫 페이지에 상위 4개 광고 영역(❷)을 제외하면 한 페이지에 40개 상품(❸)이 노출된다. 두 번째 페이지의 상품들을 보기 위해서는 페이지 숫자(❹)를 클릭해야 한다. 검색 결과 첫 페이지와 마지막 페이지에 노출된 상품의 구매 확률은 굳은 비교해보지 않아도 그 차이를 알 수 있을 것이다. 어떻게 등록하는가에 따라 노출 페이지의 위치가 달라질 수 있다.

이제 상품을 제대로 등록해야 이유가 무엇인지 알 수 있을 것이다.

---

### 🔍 상품명 작성 시 주의해야 될 사항

타 오픈마켓은 25자 형태소 조합으로 상품명을 구성한다.

**예** 여성 럭셔리 캐쥬얼 도트 린넨 원피스

하지만 네이버 쇼핑에서 위와 같이 상품명을 작성하면 상위노출이 불가능하다.

네이버 쇼핑 상위 노출의 핵심은 고객의 선호도이다. 예를 들어 고객이 린넨 소재의 민소매 원피스를 선호한다고 가정한다면 상품명은 아래와 같이 작성되어져야 한다.

**예** 린넨 민소매 원피스

소재, 타입, 키워드가 구성된 상품명이며 무엇이 앞에 나와야 상위에 노출되는지는 배열 순서를 변경하면서 적용해보면 알 수 있다.

---

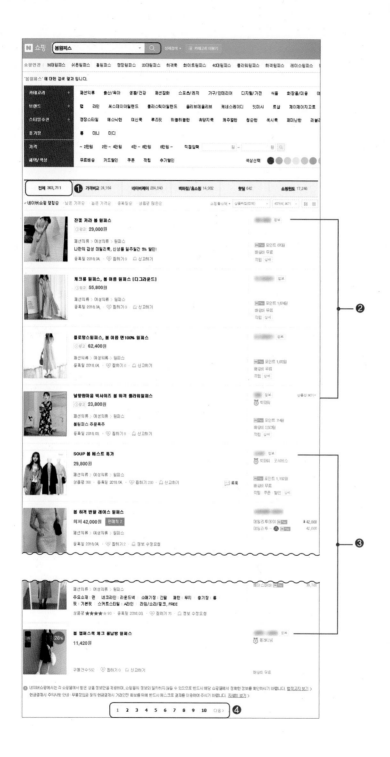

## 2 _ 쇼핑 랭킹 순위를 결정하는 3가지 요소

쇼핑 검색 결과는 쇼핑 메인화면과는 다른 결과 값을 보여준다. "Lesson 02 네이버 쇼핑 구조와 노출 핵심 3가지 이해하기"에서도 언급한 사항인데, 워낙 중요한 사항이기 때문에 여기서 다시 한 번 자세히 설명한다.

네이버 쇼핑 검색 결과의 전체 옵션 중 '네이버 쇼핑 랭킹순'을 클릭하면 적합도 지수, 인기도 지수, 신뢰도 지수로 구분돼 있으며, 광고는 별도의 적용기준을 가지고 있다.

즉, 검색 결과 상단에 노출되는 광고 상품 2~4개를 제외한 나머지 상품들은 기본적으로 네이버 쇼핑 랭킹순으로 나열된다.

네이버의 쇼핑 랭크순은 다음 3가지 요소를 점수화하여 정렬한다.

위에서 언급한 내용을 기억하면서 아래 내용을 읽어보면 등록 시 주의해야 할 사항들을 체크할 수 있을 것이다.

❶ 적합도 지수 : 검색어에 대한 상품 정보 연관성/카테고리 선호도
❷ 인기도 지수 : 네이버 쇼핑을 통한 상품 클릭수, 판매 실적, 구매평수, 찜수, 최신성
❸ 신뢰도 지수 : 네이버 쇼핑 페널티, 상품명 SEO 스코어

위 3가지 요소의 합산 점수가 높을수록 상위에 노출된다. 즉 랭킹 순서가 상위에 노출될수록 고객 클릭률과 매출이 달라지기 때문에 이 3가지 요소의 특성을 정확히 이해해야 한다.

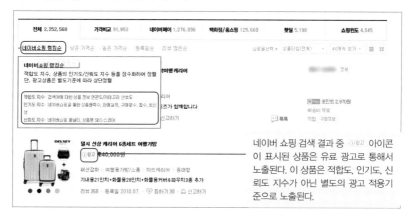

네이버 쇼핑 검색 결과 중 ⓘ광고 아이콘이 표시된 상품은 유료 광고로 통해서 노출된다. 이 상품은 적합도, 인기도, 신뢰도 지수가 아닌 별도의 광고 적용기준으로 노출된다.

## 2-1. 적합도 지수 이해하기

적합도란 이용자가 입력한 검색어가 상품명, 카테고리, 제조사/브랜드, 속성/태그 등 상품 정보의 어떤 필드와 연관도가 높은지, 검색어와 관련하여 어떤 카테고리의 선호도가 높은지 산출하여 반영되기 때문에 시간이 걸리더라도 분류 작업을 통해 정확하면서 연관도가 높은 키워드만 적용해야 한다.

적합도 지수란 검색어에 대한 상품 정보 연관성/카테고리 선호도를 의미한다. 고객이 무엇인가를 검색하면 카테고리에 부합하는 상품을 보여주는 로직을 말한다. "유모차", "휴대용유모차"가 있다고 한다면 검색어에 따라 표현되는 카테고리가 다른 것을 의미한다. 그림 1은 "유모차"의 검색 결과 상위에 노출된 상품의 카테고리(❶, 출산/육아 〉 유모차 〉 절충형/디럭스형)이고, 그림 2는 "휴대용유모차"의 검색 검색 결과 상위에 노출된 상품의 카테고리(❷, 출산/육아 〉 유모차 〉 초경량/휴대용)이다.

상품을 등록하기 전 네이버 쇼핑의 랭크순에 대한 이해가 먼저 필요하다. 가이드를 기준으로 설명하고자 한다.

## 2-2. 상품명 가이드라인 준수

상품명에 중복된 단어, 상품과 관련 없는 키워드, 할인 정보 등은 제외하고 간결하게 작성해야 한다.
보통의 타 오픈마켓 상품명은 형태소의 조합으로 작성하기 때문에 스마트스토어 역시 25자 띄어쓰기로 작성하여 노출을 시도하는 판매자들이 많다.

【예】 21st버기 휴대용 절충형 초경량 기내반입 유모차

스마트스토어은 상품명을 간결하게 작성해야 되기도 하지만 패턴에 맞게 작성하는 것이 중요하다.

【예】 21st버기 절충형 유모차

예시에 작성한 상품명은 간결하게 작성한 부분도 있지만 네이버에서 요구하는 부분을 충족한 상품명이다.

"충족했다."라는 의미는 쇼핑 탭에서 요구하는 부분과 쇼핑연관 검색어, 상위 판매자의 패턴을 적용한 부분이기도 하다.

통합검색 기준으로 "유모차"를 검색하면 쇼핑연관 검색어와 쇼핑 탭에서 요구하는 부분은 다음과 같다.
쇼핑연관의 처음에 나오는 절충형과 디럭스(❶)는 우선 노출에 해당함을 보여준다.
"유모차"를 검색하면 절충형/디럭스 카테고리(❷)에 등록된 상품이 상위에 노출된다. 만약 상품 등록 시 "휴대용 유모차"를 상품명에 작성하면 카테고리 적합성에서 멀어지기에 노출이 되질 않는다. 상위 노출을 원하는 유모차 판매자라면 상품명에 디럭스(❹)를 입력하여 카테고리와 매치시켜야 한다.

또한 네이버 통합검색의 쇼핑 탭(❶)에서 요구하는 부분은 핫딜을 제외하고 브랜드, 제품 타입, 키워드 추천 순(❷)으로 나열되어 있기에 다음 표순으로 상품명이 배열되어야 한다.

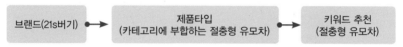

▲ 상품명 배열 순서

제품 타입과 키워드 추천이 중복됨으로 '쇼핑 더보기(❸)'를 클릭해서 [광고]를 제외한 상위 판매자의 상품명을 보면 '브랜드 + 제품 타입(모델명) + 키워드 추천' 순(❶)으로 나열된 것을 확인할 수 있다.

앞의 사례처럼 상품명(❶)은 입력할 수 있는 단어의 개수에 대한 표현이 이미 정해진 상태이며, 무엇을 넣어야 하는지를 키워드 검색 결과 기준으로 이미 표현돼 있다. 최대 100자까지 입력 가능하며 중복된 단어나 수식어는 제외하고 입력해야 한다.

## 3 _ 카테고리 / 속성 / 태그 매칭

상품과 관련된 카테고리에 매칭해 주고, 제품속성, 태그, 바코드 정보, 모델 코드 등 검색 가능한 다양한 정보를 제공해야 한다.
앞서 언급한 것과 같이 적합한 카테고리에 매칭해주고 그에 맞는 태그를 넣어줘야 한다.

### 3-1. 적합한 카테고리 매치

적합한 카테고리란 추출한 키워드(❶)를 기준으로 쇼핑 검색 결과에 나오는 카테고리(❷)를 확인해야 한다는 것이다.

"유모차", "절충형 유모차"를 검색하면 절충형/디럭스 카테고리가 나오고, "휴대용유모차"를 검색하면 초경량/휴대용 카테고리가 나오게 된다.

내가 만약 휴대용유모차로 등록한 유모차를 판매하는 판매자라면 "유모차" 키워드의 검색 결과에 자신의 상품이 노출되지 않는다. 만약 "유모차" 키워드의 검색 결과에 노출시키고 싶다면 별도의 추가 상품 등록이 필요하다는 의미이기도 하다.

네이버는 중복 노출을 좋아하지 않기 때문에 초경량/휴대용 카테고리에 등록한 상품(❶)을 복사 등록하여 절충형/디럭스 카테고리(❷)로 변경 후 등록하더라도 노출되지 않는 것이 일반적이다.

만약 기본의 키워드 이외 다른 키워드에 추가로 노출하고 싶다면 썸네일, 상품명, 가격, 상품 속성, 태그를 다르게 하여 상품 등록해야 한다.

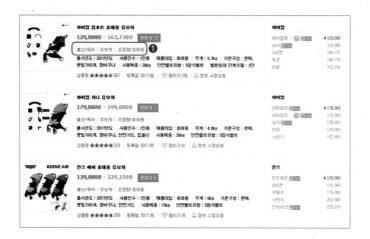

## 3-2. 태그 매치

태그에 관해서는 "Chapter 03"에서 자세히 설명하기 때문에 여기서 간략하게 이해하고 넘어간다. 태그는 카테고리에 부합하는 키워드만 넣어주는 것이 연관성을 유지하면서 어뷰징을 벗어날 수 있다. 공정한 판매활동을 위한 환경 조성을 위해 위 경우가 확인되면 상품 삭제와 더불어 판매활동을 제한하고 있습니다.

※ 어뷰징이란?
어뷰징에는 스팸성 키워드 어뷰징과 부정 태그 어뷰징이 있다.
• 스팸성 키워드 어뷰징이란, 상품제목/내용/태그 등 영역에 상품과 관련 없는 인기검색어, 유명 브랜드명, 사회적 이슈어 등을 기재한 경우를 의미한다.
• 부정 태그 어뷰징이란, 검색 노출이나 팝업 노출, 타 페이지 이동 등을 목적으로 상품 등록 시 부정 코드를 삽입한 경우를 의미한다.

태그는 직접 입력형(❶)으로 10개까지 지정할 수 있는데, 추천검색어 영역(❷)에 있는 키워드라 할지라도 무조건 넣어서는 안 된다.

※ 태그 종류
- 요즘 뜨는 HOT 태그 : 핫하게 뜨고 있는 인기 태그이다.
- 감성 태그 : 유행이나 트렌드를 표현하면서 스타일, 느낌 등을 잘 살릴 수 있는 태그를 추천한다.
- 이벤트형 태그 : 시즌, 계절, 기념일 등 상황에 맞는 태그를 추천한다.
- 타깃형 태그 : 특정 연령이나 성별에 맞는 태그를 추천한다.

이어폰을 판매하는 판매자는 상품 등록 시 연관검색어 목록 중 '무선이어폰'이 있어도 넣으면 안 된다는 것이다.

이어폰은 '디지털/가전 〉 음향가전〉 이어폰' 카테고리(❶)가 분류로 구분되어 있다. 설령 무선이어폰(블루투스 이어폰)을 '이어폰' 카테고리에 등록하더라도 다른 카테고리이기 때문에 노출에 제한이 된다. 무선이어폰은 '디지털/가전 〉 음향가전〉 블루투스셋 〉 블루투스 이어폰/이어셋' 카테고리(❷)에 넣어야 제대로 노출된다.

※ 무선이어폰 카테고리 '디지털/가전 〉 음향가전 〉 블루투스셋 〉 블루투스이어폰/이어셋'

# 스마트스토어 상품 등록하기

기초적인 상품등록을 네이버 쇼핑 노출 내용보다 뒤로 편성한 이유는 앞서 언급한 내용의 반영이 상품등록 시 세세하게 적용되기 때문이다.

필드값을 입력하는데 있어 그 입력값이 어떤 방식으로 노출되고 반영되는지를 알아야 상위노출이 가능하다는 것이다.

상품등록 전에 다시 한 번 LESSON 02를 숙지할 것을 권장한다.

스마트스토어 상품 등록에 대해 알아보자.

실전 판매에서 상품 등록 시 다음 두 가지 사항은 반드시 주의해야 한다.

❶ 동일한 상품을 복사해서 계속 등록하면 노출에 악영향을 받는다.

❷ 옵션을 많이 설정한 상품 역시 노출이 잘 되지 않는다는 점이다.

먼저 단품으로 등록 후 상위에 노출되기 시작하면 옵션을 추가해주는 것이 안정적인 노출을 가져가는데 도움이 된다.

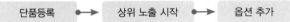

▲ 안정적인 노출에 유리한 상품 등록 과정

또한 내가 판매하려는 상품을 가격비교로 묶어서 판매할 것인지 아니면 스마트스토어 단독으로 판매할 것인지에 따라서도 상품 등록을 하는데 있어서 많은 고민이 앞서야 한다.

인공지능의 상용화와 AI 기반 상품들이 출시되면서 4차 혁명에 맞는 상품의 분류 기준을 다음 세 가지로 보고 있다.

상품 분류 기준 ▶ 제조사, 브랜드, 모델명

따라서 상품을 등록할 때 위 세 가지 항목 중 한 가지라도 입력하지 않을 경우 필드값을 채우기 어려워진다.

그렇기 때문에 상품 등록 전 제조사, 브랜드, 모델명을 미리 정해두고 상세페이지 역시 그에 맞게 꾸며두어야 필드값을 입력하고 상품명/이미지 SEO를 적용했을 때 최적화를 만들어 낼 수 있다.

**01** 스마트스토어센터 메인화면 좌측의 [상품관리]-[상품 등록] 메뉴를 클릭한다.

**02** 상품을 등록할 수 있는 상품등록 페이지가 나타난다. 카테고리는 [카테고리 명 검색(❶)] 또는 [카테고리명 선택(❷)] 두 가지 방법으로 설정할 수 있다. 카 테고리명 검색은 다음 그림 1과 같이 해당 카테고리명을 직업 입력하여 검색 선택할 수 있고, 카테고리명 선택은 그림 2와 같이 스마트스토어에서 만들어진 카테고리를 '대분류 〉 중분류 〉 소분류' 순으로 선택하여 설정한다.

▲ 그림 1 카테고리명 검색

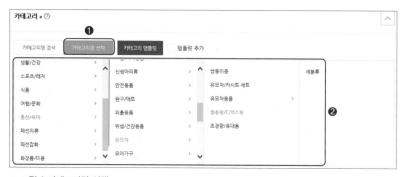

▲ 그림 2 카테고리명 선택

※ 상품과 맞지 않는 카테고리에 등록할 경우 강제 이동되거나 판매중지, 판매 금지 될 수 있다.

**03** 상품명을 패턴에 맞게 작성한다. 최대 100자까지 입력 가능하지만 중복된 단어나 수식어는 제외한다.

※ 판매 상품과 직접 관련이 없는 다른 상품명, 유명 상품 유사문구, 스팸성 키워드 입력 시 관리자에 의해 판매 금지될 수 있다.

**04** 실제 판매하려는 금액을 입력하고 할인 적용이 필요한 경우 설정함을 선택한 후 할인 금액을 적어주면 된다. 타 오픈마켓의 경우 판매자 할인을 적용한 경우 할인전 판매가에서 수수료가 제외되지만 스마트스토어의 경우는 최종가(고객결제가)에서 수수료를 제외한다.

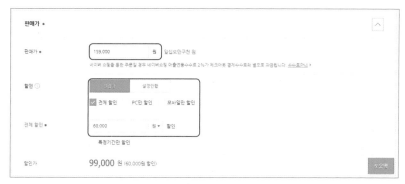

**05** 재고 수량은 최대 99,999를 입력할 수 있으며 옵션을 설정하여 재고를 설정했다면 옵션 재고 수량이 적용된다.

**06** 상품에 추가 금액이 발생하는 경우 설정함을 선택하여 선택형 또는 조합형을 설정할 수 있다.

추가 금액은 판매가에 100%까지 설정(단, 2018년 6월 14일 이후부터는 50%까지 설정가능) 할 수 있으며 옵션이 적은 경우 '직접 입력하기'를 선택하여 입력하면 되지만 옵션이 많은 경우는 '엑셀 일괄등록'을 선택하여 엑셀 다운로드 후 작성하여 업로드 하는 것이 더 효과적이다.

먼저 엑셀 일괄등록을 선택 후 엑셀양식을 다운로드 한다.

- 선택이 1가지 인 경우는 엑셀양식 다운(단독)
- 선택이 2가지 이상인 경우는 엑셀양식 다운(조합)

다음 그림은 조합형 엑셀을 다운로드한 결과이다.

색상, 사이즈를 기입해야 하는 경우 선택 1, 선택 2 부분에 기입해야 하는데 선택 3이 없다면 해당 열을 삭제해 주면 된다.

옵션가 항목에는 추가되는 금액을 재고 수량에는 실제 재고 수량을 기입하면 되지만 만약 재고를 관리하고 싶지 않다고 한다면 공란으로 두면 된다.

관리코드 역시 사용하지 않으려면 공란으로 두고 필요하다면 본인 업체에서 알아보기 쉬운 코드를 임의로 넣어 주면 된다.

사용여부는 전부 Y 값으로 기입해 주어야 한다.

| 선택1 | 선택2 | 선택3 | 옵션가 | 재고수량 | 관리코드 | 사용여부 |
|---|---|---|---|---|---|---|
| 100자 이내로 입력 해 주세요. 일부 특수문자는 사용할 수 없습니다. 예) L ＊ 2행은 제거하고 업로드해 주세요. | 100자 이내로 입력 해 주세요. 일부 특수문자는 사용할 수 없습니다. 예) L 열 삭제 후 저장할 수 있습니다. | 100자 이내로 입력 해 주세요. 일부 특수문자는 사용할 수 없습니다. 예) L 열 삭제 후 저장할 수 있습니다. | 숫자만 입력할 수 있습니다. 10원 단위로 입력 해 주세요. 예) 2500 | 숫자만 입력할 수 있습니다. | 20자 이내로 입력 해 주세요. 일부 특수문자는 사용할 수 없습니다. | Y,N 중 선택해 주세요. |
| 컬러 | 빨강 | | 0 | 0 | OW2MB376 | Y |
| 컬러 | 파랑 | | 100 | 100 | OW2MZ055 | Y |
| 사이즈 | S | | 200 | 200 | OW2MB376 | Y |
| 사이즈 | M | | 300 | 300 | OW2MZ055 | Y |
| | | | | | | |
| | | | | | | |
| | | | | | | |

다음 그림은 2개 조합형으로 모델명과 색상을 선택할 수 있도록 기입한 결과값이다.

| A 선택1 | B 선택2 | C 옵션가 | D 재고수량 | E 관리코드 | F 사용여부 |
|---|---|---|---|---|---|
| 01~03 휴대용유모차 | 블랙(Black)-추가 | 0 | 904 | | Y |
| 01~03 휴대용유모차 | 그레이(Gray) | 20000 | 0 | | Y |
| 01~03 휴대용유모차 | 브라운(Brown) | 20000 | 948 | | Y |
| 04~06 기내반입유모차 | 퓨럴블랙(P.Black) | 50000 | 993 | | Y |
| 04~06 기내반입유모차 | 미스틱퍼플(M.Purple)-추가 | 35000 | 994 | | Y |
| 04~06 기내반입유모차 | 새틴그레이(S.Grey) | 50000 | 988 | | Y |

**07** 상품이미지는 기본적으로 뒷배경은 흰색, 이미지 당 1개의 상품만을 넣는 것을 권장한다.

원부(가격비교)를 생성하려면 1개 상품에 뒷배경이 흰색 이어야 빠르게 생성되는 이유도 있지만 더 중요한 것은 노출 점수에서도 좋은 지수를 반영 받을 수 있기 때문이다.

상품이미지는 640 x 640 px 크기의 정사각형 이미지를 넣어 줘야 한다.

추가 이미지의 경우 추가 옵션이 있는 경우 옵션 상품에 대한 추가 이미지를 적용하면 좋다.

다음 그림은 상품 특성상 다양한 색상을 보여줘야 되기 때문에 설정한 예시이다.

**08** 스마트 에디터 3.0은 블로그에도 적용되는 도구인데 스마트스토어 상품상세설명을 적용 시에도 사용한다.

블로그에서 포스트를 작성해 본 사람들이라면 사진을 불러오는 방법이나 텍스트를 기입할 때 주의해야 하는 사항을 기본적으로 숙지하고 있겠지만 그렇지 않은 경우는 생소할 수 있다. 여기서는 간략하게 사용법을 설명한다. 먼저 [Smart Editor 3.0] 초록색 버튼을 클릭하여 스마트 에디터 3.0을 활성화한다.

**09** 활성화된 에디터 좌측의 컴포넌트 영역을 보면 텍스트, 사진, 동영상 등 다양한 아이콘을 볼 수 있다. 대부분은 텍스트와 사진을 클릭하여 작성하게 되는데 스마트스토어 내 윈도라는 영역의 경우 블로그처럼 상품을 등록하는 것을 권장한다.

이미지 SEO에서도 좋은 지수를 받기 위해서는 블로그 형태의 상품상세설명을 하는 것이 좋다. 하지만 대부분의 상품이 이미지 퀄리티를 중요하게 다뤄야 하는 것들이기에 필자는 이미지로만 설명하는 것을 권장한다.

추후에 높은 지수가 반영된다면 수정해야 하는 번거로움이 있겠지만 이미지 전쟁이라는 전자상거래의 기본 틀을 벗어나 판매량을 논하기에는 많은 애로점이 있는 것이 사실이다.

또한 HTML을 활용하여 등록하면 모바일에서 미리보기를 지원하지 않는 경우도 있기에 직접 작성한 이미지를 사진 아이콘(⊡)을 클릭하여 업로드할 것을 권장한다.

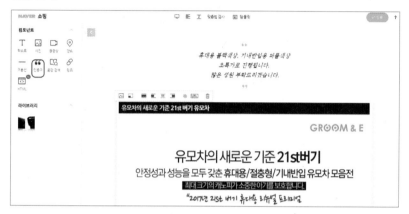

**10** 마지막으로 업로드하려는 사진의 이름을 한글로 사용할 것을 권장한다.

SEO 중 alt 태그라는 항목이며 이미지에 이름(제목)을 지정해 주는 것을 말한다.

다음 그림은 핸드카트와 비빔장 상품을 등록하기 위해 미리 이름을 변경해둔 예시 들이다.

| | | | |
|---|---|---|---|
| 640 | 2017-11-23 오후... | JPG 파일 | 178KB |
| 핸드카트 | 2017-11-23 오후... | JPG 파일 | 426KB |
| 핸드카트1 | 2017-11-23 오후... | JPG 파일 | 582KB |
| 핸드카트2 | 2017-11-23 오후... | JPG 파일 | 259KB |
| 핸드카트3 | 2017-11-23 오후... | JPG 파일 | 1,127KB |
| 핸드카트4 | 2017-11-23 오후... | JPG 파일 | 458KB |
| 핸드카트5 | 2017-11-23 오후... | JPG 파일 | 291KB |
| 핸드카트6 | 2017-11-23 오후... | JPG 파일 | 413KB |
| 핸드카트7 | 2017-11-23 오후... | JPG 파일 | 337KB |
| 핸드카트8 | 2017-11-23 오후... | JPG 파일 | 308KB |
| 핸드카트9 | 2017-11-23 오후... | JPG 파일 | 468KB |
| 핸드카트10 | 2017-12-01 오후... | JPG 파일 | 597KB |
| 핸드카트11 | 2017-11-23 오후... | JPG 파일 | 297KB |
| 핸드카트12 | 2017-11-16 오전... | GIF 파일 | 1,687KB |
| 핸드카트상품정보 | 2017-11-23 오후... | 텍스트 문서 | 1KB |

| | | | |
|---|---|---|---|
| 🖼 비빔장 | 2017-06-20 오후... | JPG 파일 | 147KB |
| 🖼 비빔장1 | 2017-06-20 오후... | JPG 파일 | 472KB |
| 🖼 비빔장2 | 2017-06-20 오후... | JPG 파일 | 268KB |
| 🖼 비빔장3 | 2017-06-20 오후... | JPG 파일 | 271KB |
| 🖼 비빔장4 | 2017-06-20 오후... | JPG 파일 | 244KB |
| 🖼 비빔장5 | 2017-06-20 오후... | JPG 파일 | 180KB |
| 🖼 비빔장6 | 2017-06-20 오후... | JPG 파일 | 174KB |
| 🖼 비빔장7 | 2017-06-20 오후... | JPG 파일 | 380KB |
| 🖼 비빔장8 | 2017-06-20 오후... | JPG 파일 | 621KB |
| 🖼 비빔장9 | 2017-06-20 오후... | JPG 파일 | 481KB |
| 🖼 비빔장10 | 2017-06-20 오후... | JPG 파일 | 514KB |
| 🖼 비빔장11 | 2017-06-20 오후... | JPG 파일 | 142KB |
| 🖼 비빔장12 | 2017-06-20 오후... | JPG 파일 | 398KB |

**11** 상품 정보제공고시의 경우 상품군, 종류, 소재, 색상, 크기 제조자 등 해당 필드에 맞는 값을 정확하게 넣어주어야 한다. 스마트스토어 가이드에는 "텍스트로 긁히는 모든 정보를 상품지수에 반영한다."라는 내용이 있다.

그 뿐만 아니라 가격비교 생성 시 제원을 생성하는데 도움이 되며 상품군 분류에 따른 정확한 상품 등록을 하는데도 도움이 된다.

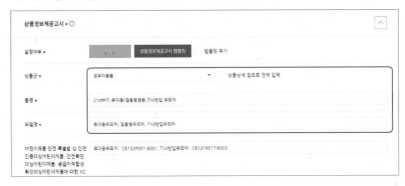

**12** 배송 설정은 본인 업체에 맞게 설정해 주면 된다.

묶음배송의 경우 낮은 배송비 기준으로 설정해 주면 좋다. 묶음배송의 배송비는 묶음 그룹에서 가장 작은 배송비로 부과되기 때문이다.

**13** 상품별 배송비를 설정하고 판매자 주소록을 클릭하여 출고지 주소를 입력한 후 설정해 준다.

**14** 반품택배사와 편도기준 반품배송비, 반품/교환지 주소를 설정해 준다.

**15** A/S 안내의 경우는 대부분 CS 담당 직원의 전화번호 등을 상세페이지에 별도로 표기하기 때문에 다음과 같이 "상세페이지 참조"와 같은 안내 문구를 기입해준다. 만약 상세페이지에 별도로 안내하지 않았다면 A/S안내 입력란에 안내 문구를 직접 입력한다.

**16** 추가구성 상품은 본 상품 구매시 관련 있는 상품을 추가로 구매할 수 있는 상품을 등록하는 영역이다. 추가 구성상품은 판매가에 영향을 받지 않는다.
실제 추가 구성상품의 가격을 설정해줘야 하며 등록하는 방식은 옵션을 설정하는 방법과 같다.

- 직접 입력하기 : 상품 등록페이지에서 직접 입력할 수 있다.
- 엑셀 일괄등록 : 엑셀 양식에 맞춰 내용 작성 후 엑셀 파일 업로드를 통해 등록 가능하다.
- 다른상품 추가상품 불러오기 : 다른 상품에 등록된 추가상품의 정보를 불러온다.

**17** 상품을 표현할 수 있는 상세한 상품 정보를 의미하며 브랜드/모델명/원산지/인증정보 등이 상품 속성에 속한다. 세부속성의 [설정함] 버튼을 클릭한 후 세부속성 창이 나타나면 내 상품의 세부속성을 선택한다. 세부속성에서 선택한 결과 값이 쇼핑에서 상품 검색 시 상단 탭에 노출되기 때문에 정확하게 등록해 주는 것이 중요하다.

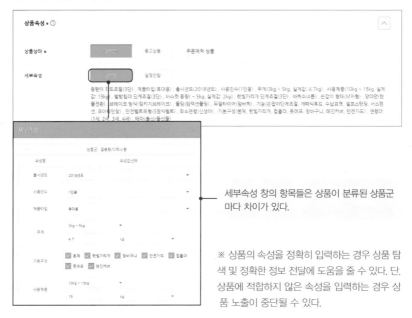

세부속성 창의 항목들은 상품이 분류된 상품군마다 차이가 있다.

※ 상품의 속성을 정확히 입력하는 경우 상품 탐색 및 정확한 정보 전달에 도움을 줄 수 있다. 단, 상품에 적합하지 않은 속성을 입력하는 경우 상품 노출이 중단될 수 있다.

**18** 제조사 브랜드 모델명은 상품을 구분하는 최소단위가 될 수 있다.
실제 제조사, 브랜드, 모델명을 기입해야하며 모델명 기입 시 [찾기] 버튼을 활용해 등록하면 기존에 있는 가격비교에 묶을 수 있다.
내 상품의 가격 경쟁력이 좋은 상품이라면 [찾기] 버튼을 활용해 등록하는 것을 권장하지만 그렇지 않은 경우라면 노출시킬 키워드 또는 실제 모델명을 기입해 줄 것을 권장한다.

**19** 인증정보에 해당하는 상품이라면 반드시 기입해줘야 한다. 예를 들면 유모차는 어린이제품 인증대상이기 때문에 다음과 같이 인증범호와 제품 인증정보를 설정해야 한다. 상세페이지에 별도로 표기했더라도 추가적으로 기입해줘야 상품페이지 상단에 인증정보에 대한 영역이 활성화 된다.

원산지는 상품 정보에 맞게 설정하여 적용한다.

**20** 제조일자와 유효일자는 화장품, 식품, 유아동의 경우는 필수 입력사항이다. 최근에는 가전 카테고리 중 일부분이 필수 입력사항으로 변경되었다.

판매기간은 [설정안함] 선택 시 무제한으로 설정되며 이벤트의 경우 상품명 하단에 노출되는 영역이므로 홍보문구를 잘 작성하여 기입하면 된다. 단, 이벤트 문구는 검색대상에 포함되지 않기 때문에 검색 노출에서 제외된다. 또 상품과 직접 관련이 없는 유명 상품 유사 문구, 허위과대광고 등을 입력 시 판매 금지될 수 있다.

**21** 구매/해택 조건은 상품의 구매자에게 제공할 구매 혜택이다. 구매혜택은 지수에 반영되기 때문에 최소설정을 권장하는 부분이지만, 마진이 적은 상품에 적용하는 것은 좋지 않다.

구매평의 경우 지수를 높게 받을 수 있기에 최소단위로 설정하는 것을 권장한다.

※ 복수구매에 따란 추가 할인 금액, 상품 구매 시 또는 구매평 작성 시 지급하는 포인트(네이버 포인트), 무이자할부에 따른 이자, 구매자에게 제공되는 사은품 등 설정한 혜택에 따른 금액은 모두 판매자 부담이며, 주문시점 기준에 설정된 혜택이 제공된다.

**22** 검색 설정에서는 상품에 적합한 검색 정보(태그, Page title, Meta description)를 입력한다.

• 태그는 카테고리 설정에서 선택한 카테고리에 맞는 태그 목록이 유형별로 자동 추천되며 태그명을 클릭(❶)해서 선택할 수 있고 '태그 직업 입력(❷)' 박스를 체크하면 원하는 태그를 직접 입력할 수 있다. 태그는 총 10개까지 입력할 수 있다.

상품 등록 당시를 기준으로 상단에 있는 태그들을 선택하여 기입하면 노출과는 관련이 없기에 검색어를 추출하여 직접 입력하는 것을 권장한다.

만약 입력할 태그가 10개 미만일 경우 그 이하의 개수로 설정해도 무관하다. 무리하게 10개를 채우다 보면 카테고리명, 브랜드명이 포함되는 등 좋지 않은 결과로 이어질 수 있기 때문이다.

• Page Title과 Meta description의 경우 웹사이트에 노출되는 영역이다. 검색엔진이 내 상품이 가장 적합하다는 걸 판단하여 검색 결과에 노출시키는데 도움을 주는 항목 중 하나이다.

– Page Title : SNS등 소셜 서비스에 상품 정보 공유시 노출되는 타이틀이다.

– Meta description : 상품과 관련 된 키워드를 나열하여 기입한다.

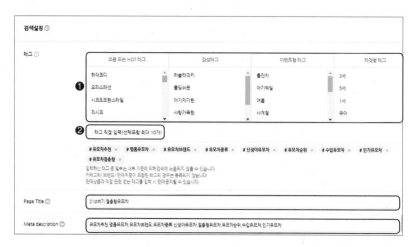

※ 카테고리/ 브랜드/ 판매처명이 포함된 태그의 경우는 등록되지 않는다. 또 판매 상품과 직접 관련 없는 태그를 입력 시 판매 금지될 수 있다. 즉 카테고리에 적합한 태그만을 선별하여 적용하는 것이 어뷰즈를 피하는 좋은 설정 방법이다.

### 프로멘토 한마디 : Page Title과 Mate description에 관해서

❶ Page Title, Meta description을 입력하지 않으면 어떻게 되나요?

Page Title, Meta description을 입력하지 않으면 아래 기본값이 자동으로 적용된다.

 – Page Title = 상품명
 – Meta description = [스토어명] 스토어 소개글

기본값이 적용되어도 무방하지만 상품별로 다른 값을 입력하면 검색엔진이 상품을 판단하기에 좀 더 용이할 수 있다.

❷ Page Title, Meta description은 어디서 확인할 수 있나요?

1) 상품상세에서 소스보기

```
<head>
<title>Page Title : 스토어명</title>
<meta name="description" content="Meta description">
<meta property="og:title" content="Pafe Title:스토어명">
<meta property="og:description" content="Meta description">
...
```

2) 웹브라우저 탭

3) SNS 카드뷰 링크

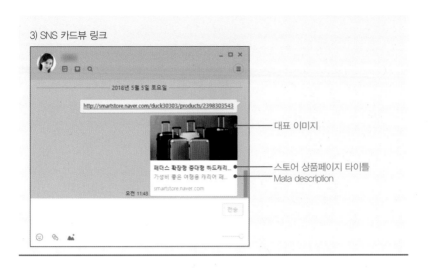

대표 이미지

스토어 상품페이지 타이틀
Mata description

**23** 스마트스토어 전용 상품명을 사용할 경우 상단에 상품명을 수정했을 때 반영되는 것을 확인하기 어렵기 때문에 사용하지 않는 것을 권장한다. '네이버 쇼핑' 체크박스를 선택하여 네이버 쇼핑에 노출시킬 수 있다. 그 외 항목은 기본 상태로 둔다.

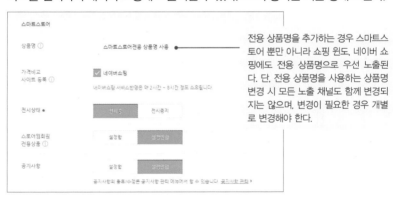

전용 상품명을 추가하는 경우 스마트스토어 뿐만 아니라 쇼핑 윈도, 네이버 쇼핑에도 전용 상품명으로 우선 노출된다. 단, 전용 상품명을 사용하는 상품명 변경 시 모든 노출 채널도 함께 변경되지는 않으며, 변경이 필요한 경우 개별로 변경해야 한다.

**24** 페이지 아래에서 [저장하기] 버튼을 클하여 상품을 등록한다. 상품 등록 중 부득이하게 바로 저장이 어려우신 경우 [임시저장] 기능을 활용하실 수 있다. 임시저장은 상품명을 기준으로 최대 40개까지 가능하며, 40개를 초과하는 경우에는 오래된 날짜 기준으로 이전에 임시저장 했던 상품은 자동 삭제 처리되는 점은 주의해야 한다.

# 스마트스토어 상품관리

스마트스토어의 판매자 어드민은 전체 사이트 중에 가장 직관적이라고 볼 수 있다.

상품관리, 판매관리, 정산관리, 문의관리가 일반적으로 많이 사용되는 메뉴이며 실제 판매를 시작하면 메인 페이지에 표현되어 있는 숫자를 클릭하면서 운영해도 어려움이 없을 것이다. 하지만 판매시작 전 하나하나 클릭하여 무엇에 필요한 기능인지를 숙지해 두는 것은 판매자의 기본 소양이라고 생각했으면 좋겠다.

스마트스토어에 등록한 상품을 조회/수정할 수 있는 상품관리 기능에 대해서 알아본다.

• 상품 등록 후 수정 불가능 항목
– 모델명 찾기를 통해 설정한 경우(단, 직접 입력한 경우는 가능)
– 판매가가 10원 미만으로 등록된 경우 이후 수정 불가(현재 최소 10원 이상 등록 가능)
– 카테고리(모델명 찾기를 통해 카테고리가 자동 설정된 경우)
– 네이버 쇼핑 가격비교 상품에 등록된 경우
– 등록한 대카테고리가 아닌 다른 대카테고리로 변경하고자 하는 경우
– 결제수단이 제한되는 카테고리에서 일반 카테고리로 변경하고자 하는 경우
– 변경하려는 카테고리가 등록 권한이 필요한 경우

**01** 스마트스토어센터 메인화면 좌측의 [상품관리]–[상품조회/수정] 메뉴를 클릭한다.

**02** 상단에 있는 항목에서 판매 중을 클릭하면 판매하고 있는 상품의 리스트를 확인할 수 있다.

**03** 세부적으로 상품을 검색하려면 아래 항목에 해당하는 필드값을 기입 또는 선택하여 내역을 확인할 수 있다.

**04** 상품 리스트를 확인 후 상단 탭을 활용하여 상품을 일괄 변경할 수 있다. 상품을 하나하나 수정해야 할 때는 목록 영역 좌측에 있는 [수정] 버튼(❶)을 클릭하면 되지만 일괄로 수정할 때는 상단의 메뉴(❷)들을 활용하여 수정이 가능하다.

**05** 변경할 상품을 선택하여 판매중 또는 판매중지 할 수 있다. 판매중지는 품절에 해당하며 전시변경에서 전시 중지를 하지 않으면 품절인 상품이 샵에서는 노출이 되고 쇼핑에서는 보이지 않는다.

**06** 상단의 [즉시할인 설정] 버튼을 클릭하여 선택한 상품의 할인 설정을 일괄 적용할 수 있다.

만약 럭키투데이나 기획전을 진행하면서 할인설정을 일정기간만 하게 될 경우 특정 기간만 할인을 선택하여 적용하면 효과적으로 상품을 관리할 수 있다.

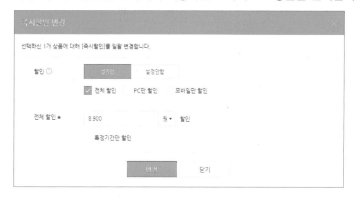

**07** 상단의 [판매가 변경] 버튼을 클릭한 후 인상 또는 인하를 설정하여 선택한 상품의 판매가를 변경할 수 있다. 현재 설정되어져 있는 금액에서 변동 폭을 설정해 주면 된다.

**08** 상단의 [판매기간 변경] 버튼을 클릭하여 판매기간을 변경할 수 있다. 판매
기간을 변경할 경우 많지 않지만 공급처와의 계약이 만료되는 시점을 설정하는
경우라면 유용하게 사용 가능하다.

**09** 상단의 [배송정보] 버튼을 클릭하면 배송정보를 변경할 수 있다. 배송 설정
의 경우는 일괄로 변경할 상품을 공급처 별로 관리가 불가능하기 때문에 일일
이 선택해줘야 하는 번거로움이 있다. 변경할 때는 동일한 배송조건과 출고지/
반품지 인지를 확인해야 한다.

**10** 필드값에 푸른색(❶)으로 활성화되어 있는 항목들은 상단 메뉴의 기능들을 사용하지 않아도 클릭하여 바로 수정이 가능하다.

상품명(❷)의 경우 푸른색으로 활성화되어 있지는 않지만 클릭하여 수정이 가능하다.

수정이 완료되면 우측 상단의 [수정저장] 버튼(❸)을 클릭하여 완료하면 된다.

> 슬라이드를 좌우로 이동하면 화면에 보이지 않는 전체 필드값들을 확인할 수 있다.

**11** 이외에 상품이미지, 상세설명, 속성, 태그 등은 목록 영역 좌측에 있는 [수정] 버튼(❹)을 클릭하여 수정해야 한다. 수정하는 화면은 등록 화면과 동일하기 때문에 수정하려는 항목으로 이동하여 수정하도록 한다.

# LESSON

# 스마트스토어 판매관리

하루 주문건이 10개 미만인 경우라면 수작업으로도 판매관리해도 된다. 하지만 10개 이상일 경우 수작업으로 하는 것은 매우 비효율적인 방식이다.

엑셀로 업로드 하는 방식을 숙달하고 주문번호와 송장번호를 일치시키는 연습을 통해 대량주문건 처리방식을 숙달해 둬야 한다.

교환/반품의 경우는 모든 판매채널이 누적 내역을 관리할 수 있게 시스템을 구현해 놓지 않기 때문에 별도의 엑셀로 관리하는 방식을 더해야 함을 명심해야 한다.

발송처리하기 전에 주문정보 및 상품 판매 가능 여부를 확인하고, 신규주문 및 배송준비 주문 건에 대해 발송처리하는 일련의 기능에 대해서 알아본다.

기본적인 프로세스는 '발주확인 〉 송장입력 〉 발송처리 〉 정산'으로 진행되며, 배송이 진행되기 전에 취소건, 배송이 진행된 이후 정산이 되기 전 발생하는 교환/반품 건에 대해 처리를 하면 1개 판매에 대한 사이클을 완료하게 된다.

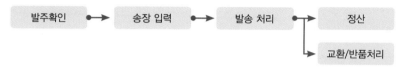

▲ 판매관리 프로세스

# 1 _ 발주/발송 관리하기

**01** 스마트스토어센터 메인화면 좌측의 [판매관리]–[발주/발송 관리] 메뉴를 클릭한다.

**02** 신규로 접수된 주문 건에 대해 다음 그림과 같이 목록으로 표현되고 그 아래 영역에 있는 주문확인, 발송처리, 취소처리에 있는 항목들을 클릭하여 선택한 주문 건을 처리할 수 있다.

먼저 신규 주문을 확인했다면 상품목록 좌측의 신규주문 상품 체크 박스를 선택하고 주문확인의 [발주확인] 버튼을 클릭한다.

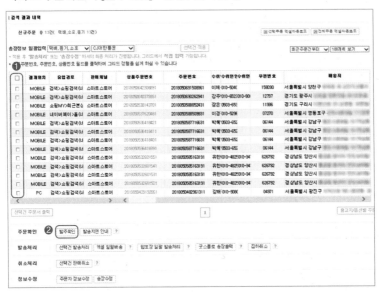

**03** 배송준비로 연계된 상품들을 클릭하고 엑셀로 다운로드하여 각 업체별 양식에 맞게 가공한 후 상단에 있는 송장정보 일괄입력에 택배, 등기, 소포를 선택 후 택배사를 선택한다.

다운로드한 엑셀 파일의 항목은 삭제, 이동 등 가공이 필요하다. 택배사마다 송장관리 프로그램이 다르기 때문에 업체의 양식에 맞게 재가공해야 한다.

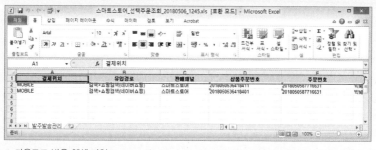

▲ 다운로드 받은 엑셀 파일

**04** 송장번호 입력란에 출력한 송장번호를 기입해 준다.

**05** 검색 결과 내역 아래 영역에서 발송처리의 [선택건 발송처리] 버튼을 클릭하여 배송중 상태로 넘긴다.

| 주문확인 | 발주확인 | 발송지연 안내 | ? | | | | |
|---|---|---|---|---|---|---|---|
| 발송처리 | 선택건 발송처리 | 엑셀 일괄배송 | ? | 합포장 일괄 발송처리 | ? | 굿스플로 송장출력 | ? | 집하취소 | ? |
| 취소처리 | 선택건 판매취소 | ? | | | | | |
| 정보수정 | 주문자 정보수정 | 송장수정 | | | | | |

만약 배송처리 할 건수가 많을 경우 발송처리의 [엑셀 일괄배송]을 클릭하여 엑셀양식을 다운로드 한 후 아래 필드값을 기입하면 된다.

주의해야 하는 부분은 주문번호가 합포장일 경우에도 다른 번호로 출력되니 밀려서 기입하지 않게 작성하는 것이 중요하다.

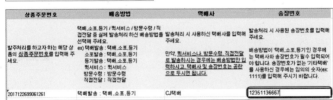

**06** 송장기입을 완료하고 [선택건 발송처리] 버튼을 클릭하면 알림창이 활성화 되면서 발송처리 진행여부를 확인한다. [확인] 버튼을 클릭하고 완료한다.

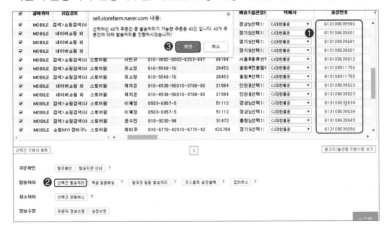

**07** 발송하기 전 품절로 인해 주문취소를 해야 할 경우 해당 건을 클릭하고 취소처리의 [선택건 판매취소] 버튼을 클릭하여 주문을 취소할 수 있다. 하지만 해당 주문을 취소할 때 주의해야 할 점이 있는데 취소사유에 상품품절로 인함을 클릭 시 페널티 1점을 부여 받게 된다.

페널티 10점을 받게 되면 해당 상품의 직권중지 또는 노출제한을 받게 되어 판매에 악영향을 받을 수 있으므로 구매자에게 미리 연락을 취한 후 구매의사 취소로 선택하여 처리하는 방법을 권장한다.


## 2 _ 반품 처리하기

배송이 진행된 이후 정산이 되기 전 발생하는 반품 처리 방법에 관해서 알아보자.

**01** 스마트스토어센터 메인화면 좌측의 [판매관리]-[반품 관리] 메뉴를 클릭한다.

**02** 반품 내역을 확인한다. 현재 수거상태(❶)를 보게 되면 '수거진행중'이며 수거방법 도움말에 네이버페이 자동수거(❷)라고 표시되는 것을 볼 수 있다.

최근 대부분의 플랫폼들이 자동수거를 원칙으로 하고 있어 관리 측면에서 좋지만 가끔씩 고객들이 신청하지 않고 본인이 직접 보내거나 판매자가 신청해 주기를 기다리는 경우가 있다. 만약 '택배수거대기' 상태로 표시되면 택배 업체에서 수거접수를 신청해 줘야 한다.

**03** 추가적으로 확인해야 하는 사항이 2가지가 있다. 사전에 구매자에게 연락이 온 경우라면 괜찮겠지만 거의 대부분의 고객들은 신청 후 내역을 적어두기만 한다. 반품사유(❶)를 클릭하여 상품하자인지, 고객변심인지를 확인해야 하고 반품배송비(❷) 항목을 클릭하여 반품 택배비 지불 여부를 어떻게 선택했는지를 확인해야 한다. 다음 그림은 고객의 사이즈 선택 실수로 인한 개인변심이며 반품택배비를 환불금에서 공제하겠다는 내역을 확인할 수 있다. 만약 판매자직접송금이 적혀 있다면 고객과 통화 후 계좌번호 안내를 해주거나 상품에 동봉하여 반품할 것을 안내해 줘야 한다.

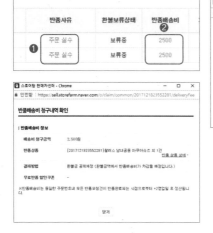

**04** 반품이 완료된 건에 대해서는 클릭 후 하단에 있는 반품처리의 [반품 완료 처리] 버튼를 클릭하여 해단 건에 대한 반품을 완료해 주면 된다.

# 3 _ 교환 처리하기

배송이 진행된 이후 정산이 되기 전 발생하는 교환 처리 방법에 관해서 알아보자.

**01** 스마트스토어센터 메인화면 좌측의 [판매관리]–[교환 관리] 메뉴를 클릭한다.

**02** 교환 내역을 확인한다. 반품 관리 방법과 마찬가지로 수거상태(❶)와 수거 방법 도움말(❷)을 확인하여 고객이 가지고 있는 상품에 대한 처리 여부를 확인해야 한다.

맞교환이라는 시스템은 우리나라의 전자상거래에만 존재하는 유형이기 때문에 해당 건에 대한 처리는 별도로 내역관리가 필요하다.

필자의 경우는 상품을 새로 출고했지만 고객이 가지고 있는 상품에 대한 위치 추적을 위해서는 교환 수거 완료처리를 하면 안 되기 때문이다.

**03** 교환사유를 클릭해서 그 내역을 확인할 수 있다. 다음 그림의 경우  주문 건의 경우는 파손 및 불량이며 고객은 먼저 선택한 상품과 다른 색상과 사이즈를 요청한 것을 확인할 수 있다.

**04** 택배비 항목에 판매자에게 직접 송금하거나 상품에 동봉을 선택했으나 해당 교환 건은 상품 불량이 사유이므로 고객에게 교환 배송비가 청구되어서는 안 된다. 고객에게 해당 항목을 선택하라고 미리 안내한 후 판매자 귀책으로 처리해야 한다.

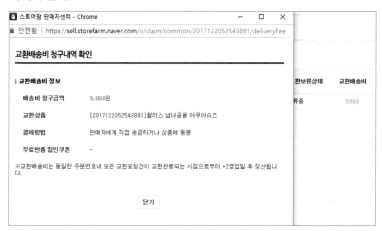

**05** 교환할 상품이 입고되었으면 교환처리의 [수거 완료처리(❶)] 버튼을 클릭한다. 교환 배송비 처리도 마무리 되었다면 교환보류의 [교환보류 해제(❷)] 버튼을 클릭한다. 교환처리의 [교환 재배송 처리(❸)] 버튼을 클릭하고 발송 송장 번호를 입력한 후 배송처리로 변경해 주면 교환건이 완료된다.

| Chapter |

# 03

## 네이버 쇼핑 검색 상위 노출시키기

네이버 쇼핑 검색 결과에 내 상품을 상위에 노출시키기 위해서는 키워드에 대한 이해가 선행돼야 한다.

키워드 이해를 마친 후 다음 과정을 거쳐야 상위 노출이 가능하기 때문이다.

이 장에서는 Chapter 02에서 간략하게 설명했던 부분에 대한 전체적인 맥락을 좀 더 심도 있게 설명한다.

키워드 추출 ▶ 연관성 이해 ▶ 선호도 분석 ▶ 노출형태 분석

# 스마트스토어 속성과 패턴 이해하기

이 레슨에서는 앞서 언급한 상위노출 방식에 대한 내용을 사례 중심으로 설명하여 실무에 적용할 수 있도록 설명하는 내용을 담았다. 키워드 추출부터 고객선호도 기준을 분석하고 상품명을 쇼핑 기준에 맞게 작성하는 방법을 여러 번 테스트를 해야 원하는 결과 값을 얻을 수 있다. 쇼핑 탭에서 요구하는 것들이 '상품명 + 세부속성' 적용이므로 구분점을 가지고 적용해 보는 것을 추천한다.

# 1 _ 키워드 추출하기

가장 기초 단계인 키워드 추출에 대한 내용이다.

**01** 네이버(naver.com) 메인페이지에서 맨 하단에 있는 '비즈니스·광고'를 클릭한다.

**02** 네이버 비즈니스 메인화면 우측 상단의 [서비스 바로가기]-[검색 마케팅]을 클릭한다.

**03** 네이버 검색광고 페이지 메인화면 우측 로그인 영역에서 '신규가입'을 클릭하여 회원가입 후 로그인을 한다.

**04** 로그인 후 네이버 광고 현황 페이지 우측의 비즈머니 영역에서 '키워드 도구'를 클릭하여 키워드 조회 화면으로 이동한다.

**05** 키워드 영역에 판매할 상품의 대표명사를 기입하고 [조회하기] 버튼을 클릭한다. 여기서는 '유모차'를 조회해본다.

**06** '유모차'와 관련한 키워드가 나열되면 우측 상단에 [다운로드] 버튼을 클릭하여 해당 키워드 목록을 엑셀 파일로 다운로드해 정리한다.

# 2 _ 키워드 연관성과 선호도 분석하기

## 2-1. 키워드 연관성

정리한 엑셀 파일을 결과를 살펴보면 노란색으로 표기된 부분(❶)은 유모차의 종류에 해당하며 그 외 키워드들은 유모차와 관련한 고객 선호도라고 보면 된다.

고객 선호도에는 브랜드 제품, 초경량유모차, 기내반입가능유모차, 접이식 유모차라고 볼 수 있다.

| 연관키워드 | 월간검색수(PC) | 월간검색수(모바일) | 월평균클릭률(PC) | 월평균클릭률(모바일) |
|---|---|---|---|---|
| 유모차 ❶ | 8,280 | 40,800 | 0.71% | 1.81% |
| 휴대용유모차 | 4,450 | 31,400 | 0.28% | 1.41% |
| 절충형유모차 | 3,540 | 19,400 | 0.41% | 0.19% |
| 디럭스유모차 | 2,620 | 12,500 | 0.29% | 0.1% |
| 쌍둥이유모차 | 1,580 | 11,300 | 0.71% | 0.45% |
| 명품유모차 | 1,220 | 7,540 | 1.61% | 4.18% |
| 유모차브랜드 | 1,150 | 3,600 | 0.29% | 2.31% |
| 초경량휴대용유모차 | 1,050 | 5,860 | 0.3% | 0.16% |
| 유모차추천 | 890 | 5,660 | 0.82% | 2.03% |
| 신생아유모차 | 660 | 3,360 | 0.5% | 0.15% |
| 기내반입유모차 | 640 | 7,270 | 0.22% | 0.04% |
| 기내용유모차 | 480 | 3,510 | 0.66% | 0.25% |
| 초경량유모차 | 420 | 3,610 | 0.18% | 0.18% |
| 유모차종류 | 410 | 1,850 | 1.09% | 0.37% |
| 휴대용유모차추천 | 220 | 2,540 | 0.69% | 1.51% |
| 경량유모차 | 210 | 1,310 | 0.29% | 0.18% |
| 접이식유모차 | 190 | 790 | 0.62% | 0.19% |
| 수입유모차 | 170 | 720 | 1.17% | 0.29% |
| 명품유모차브랜드 | 160 | 940 | 1.46% | 0.15% |
| 국민유모차 | 150 | 900 | 0% | 0.13% |
| 휴대용유모차순위 | 150 | 1,060 | 0.41% | 0.27% |
| 유모차디럭스 | 130 | 810 | 0.11% | 0.13% |

## 2-2. 키워드 검색수 통계 확인하기

추출한 키워드 목록에서 원하는 키워드를 클릭하면 해당 키워드에 대한 검색수 통계 그래프를 확인할 수 있다. '유모차' 키워드의 경우 사계절 상품으로 표현되지만 '휴대용유모차'의 경우 겨울철에는 그래프가 하락(❶)하는 것을 확인할 수 있다.

판매하려고 하는 상품의 정확한 그래프를 확인하는 것이 매우 중요하다.

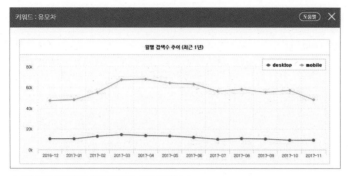

▲ '유모차' 키워드에 대한 검색수 통계 그래프

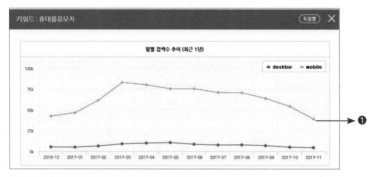

▲ '휴대용유모차' 키워드에 대한 검색수 통계 그래프

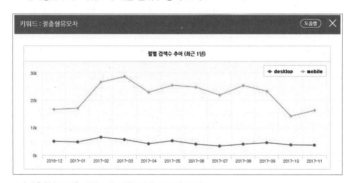

▲ '절충형유모차' 키워드에 대한 검색수 통계 그래프

## 2-3. 카테고리 매치시키기

추출한 키워드를 기준으로 먼저 카테고리를 확인해야 한다.

유모차, 휴대용유모차, 절충형유모차 키워드를 검색하여 적합도에 맞는 카테고리를 나열한다.

- 유모차 : 출산/육아 〉 유모차 〉 절충형/디럭스형
- 절충형 유모차 : 출산/육아 〉 유모차 〉 절충형/디럭스형
- 휴대용 유모차 : 출산/육아 〉 유모차 〉 초경량/휴대용

유모차와 절충형유모차 키워드는 동일 카테고리로 노출되고 있으며 (출산/육아 〉 유모차 〉 절충형/디럭스형), 휴대용유모차 키워드는 다른 카테고리로 노출되고 있는 것을 확인할 수 있다. (출산/육아 〉 유모차 〉 초경량/휴대용)

## 2-4. 선호도 분석하기

'유모차' 연관검색어(❶)와 쇼핑 연관 검색어(❷)를 보면 '절충형유모차'에 대한 선호도가 높다는 것을 알 수 있으며, 상품명 작성 시 마지막 부분(❸)에 기입하면 노출 효과에 유리하다는 것을 확인할 수 있다.

# 3 _ 노출 형태 분석하기

## 3-1. 배열 기준 만들기

카테고리와 키워드를 맞춰줬다면 통합검색 기준 쇼핑 상단 탭을 확인하여 배열에 대한 기준을 만들어 줘야 한다.

'브랜드(❶) + 제품 타입(❷) + 키워드 추천(❸)'순으로 나열되어 있으므로 상품명 개수에 대한 표현을 확인하고자 상위 판매자들의 리스팅을 확인해보면 '브랜드 + 모델명 + 키워드 추천 순(❹)'으로 나열되어 있는 것을 확인할 수 있다.

## 3-2. 속성 분석 후 내 상품과 매치시키기

'유모차' 검색 결과에 대한 상품 속성은 출산/육아 카테고리(❶)가 최우선
노출되며, 브랜드 중 휴대용(❷) 상품을 선호하고, 명품, 기내반입, 초경
량 등의 태그(❸)를 사용하는 상품, 17만 원 이하의 상품(❹), 무료배송 상
품(❺) 등을 표현한 상품들이 상위에 노출되고 있다.

이 부분에서 주의할 점은 키워드 추천에서 나열되고 있는 키워드의 경우 카
테고리에 부합하지 않는 경우는 제외해줘야 한다는 점만 조심하면 된다.

▲ 속성별 인기도

속성값을 확인했다면 내 상품과 부합하는 세부속성을 설정해 주면 상위
노출에 좋은 효과를 만들어 낼 수 있다.

'휴대용유모차'의 연관검색어와 쇼핑 연관 검색어를 보면 '초경량휴대용유모차(❶)'와 '기내반입유모차(❷)' 키워드가 선호도에 부합하고 있다는 것을 확인할 수 있으며, 상품명에 둘 중에 하나의 키워드를 넣어줘야 함을 보여주고 있다.

'휴대용유모차'의 쇼핑 상단 탭은 '브랜드(❶) + 키워드추천(❷) + 폴딩(세부속성)(❸)'순으로 나열되야 함을 설명하고 있다.
상위에 있는 판매자들 중 휴대용, 기내반입 키워드를 사용한 판매자들이 상위에 노출되는 것을 확인할 수 있다.

'휴대용유모차'의 상품 속성을 확인해보면 출산/육아 카테고리(❶)에 등록해야하며 브랜드 상품 중 초경량휴대용유모차(❷), 컴팩트폴딩(❸), 7만원 이하(❹), 무료배송(❺) 상품을 선호한다는 것을 확인할 수 있다.

속성값을 확인했다면 내 상품과 부합하는 세부속성을 설정해 주면 노출에 좋은 효과를 만들어 낼 수 있다.

유모차의 사례는 '브랜드 + 모델명 + 키워드 추천'의 나열식이었다면 키워드 추천으로 작성해야 하는 카테고리도 있다.

'아이코스 스킨'을 검색하면 동일한 상품명을 확인할 수 있다.

먼저 통합검색 기준 연관검색어를 확인해 보면 스킨, 케이스, 스티커, 필름 등의 키워드를 확인할 수 있다.

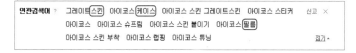

상단 탭에서는 키워드 추천 영역(❶)만 활성화되어 있으며 이럴 경우에 상위 판매자들의 상품명은 거의 동일하다고 보면 된다.

'아이코스 스킨 스티커 씰 케이스'라는 상품명으로 상단에 있는 3명의 판매자가 동일한 상품명을 사용하고 가격 또한 같은 것을 확인할 수 있다.

25자의 띄어쓰기는 아니지만 키워드 추천이 쇼핑 탭에 하나만 있을 경우 노출의 기준이 검색한 상품명과 정확히 일치하는 키워드만 노출되는 트렌드로 변한다.

예전 피젯스피너의 경우도 동일한 현상이 발생했던 것을 지금 검색해 봐도 확인이 가능하다.

'강아지 탈취제'의 경우는 브랜드 + 키워드추천 + 주요속성이 표현되어야 하는 카테고리이다.

통합검색 기준으로 '강아지탈취제'를 검색하면 연관검색어 중 '강아지탈취제', '강아지냄새제거'라는 키워드가 추출된다.

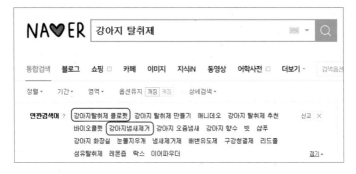

두 키워드를 쇼핑 탭에서 확인해 보면 카테고리는 다음과 같다.

- 강아지탈취제 : 생활/건강 〉 애완 〉 강아지 배변용품 〉 탈취제/소독제
- 강아지냄새제거 : 생활/건강 〉 애완 〉 강아지 건강/관리용품 〉 눈/귀 관리용품

즉 '강아지탈취제'와 '강아지냄새제거' 두 키워드는 서로 다른 카테고리를 향하고 있으므로 상품 등록 시 가장 적합한 카테고리에 등록하는 것이 매우 중요하다.

쇼핑 탭에서 '브랜드(❶) + 애완(탈취제/소독제)(❷)'을 표현하고 있고 '더보기'를 클릭했을 때 상위 판매자의 상품명 개수를 확인해보면 '브랜드 + 키워드추천 + 용량'(❸)이 표시되어야 함을 확인할 수 있다.

해당 패턴은 반드시 용량이 표현돼야 상위로 올라 갈 수 있음을 보여주고 있다.

이렇게 3가지의 사례만 보면 다음과 같이 키워드만 나열된 형태, 브랜드
와 모델명이 나열된 형태, 브랜드와 주요 속성이 나열된 형태를 확인할
수 있다.

❶ 키워드만 나열된 형태

❷ 브랜드와 모델명이 나열된 형태

❸ 브랜드와 주요 속성이 나열된 형태

## 4 _ 상위 노출 잘 되는 상품명 작성 방법

스마트스토어에서 상품명 작성 시 먼저 쇼핑 상단 탭을 확인하여 개수에
대한 나열을 확인하고 연관검색어, 쇼핑 연관 검색어, 상위 판매자의 패
턴을 분석하면 상위에 노출되는 조건을 어느 정도 파악할 수 있다.

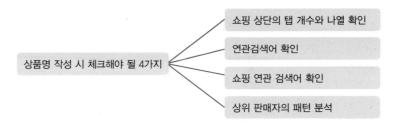

상품명 작성 시 체크해야 될 4가지
- 쇼핑 상단의 탭 개수와 나열 확인
- 연관검색어 확인
- 쇼핑 연관 검색어 확인
- 상위 판매자의 패턴 분석

다음 그림을 보면 상품명 작성 시 상단 탭 노출이 어떻게 되는가에 따라 뒤에 붙는 개수도 변동될 수 있음을 설명하고 있다.

브랜드 또는 제조사 또는 키워드 추천 중 어느 것이 먼저 나오는가에 따라서 상품명의 시작이 달라지며 뒤에 붙는 문장 부호의 경우는 검색어별로 요구하는 조건이 달라질 수 있음을 설명하고 있다.

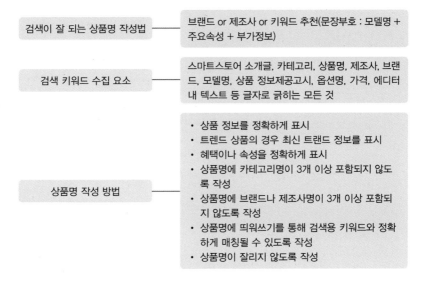

| 검색이 잘 되는 상품명 작성법 | 브랜드 or 제조사 or 키워드 추천(문장부호 : 모델명 + 주요속성 + 부가정보) |
| --- | --- |
| 검색 키워드 수집 요소 | 스마트스토어 소개글, 카테고리, 상품명, 제조사, 브랜드, 모델명, 상품 정보제공고시, 옵션명, 가격, 에디터 내 텍스트 등 글자로 긁히는 모든 것 |
| 상품명 작성 방법 | • 상품 정보를 정확하게 표시<br>• 트렌드 상품의 경우 최신 트랜드 정보를 표시<br>• 혜택이나 속성을 정확하게 표시<br>• 상품명에 카테고리명이 3개 이상 포함되지 않도록 작성<br>• 상품명에 브랜드나 제조사명이 3개 이상 포함되지 않도록 작성<br>• 상품명에 띄워쓰기를 통해 검색용 키워드와 정확하게 매칭될 수 있도록 작성<br>• 상품명이 잘리지 않도록 작성 |

아무리 잘 맞춰도 개수에 대한 패턴이 무엇보다 중요하다!

패턴 = 트렌드

제조사, 브랜드, 모델명 = LG전자, 그램, 15Z970-GA50K

# 스마트스토어의
# 태그 이해와 제대로 활용하기

상품등록을 완벽하게 했더라도 마지막 태그를 잘못 적용하면 적합도에서 멀어지는 현상을 자주 발견하게 된다. 많은 판매자들이 저자에게 컨설팅을 받고 마지막에 노출이 안되는 이유 중에 하나가 바로 태그이다. 귀찮은 작업이지만 반드시 수행해야 하며, 키워드 하나하나 검색하면서 노출되는 카테고리의 적합도를 맞춰두어야 네이버의 알고리즘 변경 시 상품이 흔들리지 않고 유지될 수 있음을 명심해야 한다.

상품 등록 과정에서 태그 작성 시 어뷰즈에 유의해야 한다.

특정 키워드가 연관검색어 또는 쇼핑 연관 검색어 목록에 있다고 하여 조회수 많은 기준으로 무분별하게 상품 제목, 태그 등에 적용하다 보면 상품 노출이 정상적으로 되지 않을 경우가 발생한다.

카테고리 기준에 부합하는 키워드를 선별하여 적용해야 상위 노출에 가까운 결과 값을 만들어 낼 수 있다.

다음 그림은 Lesson01 과정에서 추출한 키워드이다.

해당 키워드와 함께 연관검색어, 쇼핑 연관 검색어를 추출하면 판매하려는 상품과 관련한 모든 키워드를 추출할 수 있다.

추출한 키워드를 쇼핑에 검색하면서 등록하려는 카테고리와 부합하는지 확인하는 절차를 거쳐야 정확한 상품 등록이 가능하다.

| 연관키워드 | 월간검색수(PC) | 월간검색수(모바일) | 월평균클릭률(PC) | 월평균클릭률(모바일) |
|---|---|---|---|---|
| 유모차 | 8,280 | 40,800 | 0.71% | 1.81% |
| 휴대용유모차 | 4,450 | 31,400 | 0.28% | 1.41% |
| 절충형유모차 | 3,540 | 19,400 | 0.41% | 0.19% |
| 디럭스유모차 | 2,620 | 12,500 | 0.29% | 0.1% |
| 쌍둥이유모차 | 1,580 | 11,300 | 0.71% | 0.45% |
| 명품유모차 | 1,220 | 7,540 | 1.61% | 4.18% |
| 유모차브랜드 | 1,150 | 3,600 | 0.29% | 2.31% |
| 초경량휴대용유모차 | 1,050 | 5,860 | 0.3% | 0.16% |
| 유모차추천 | 890 | 5,660 | 0.82% | 2.03% |
| 신생아유모차 | 660 | 3,360 | 0.5% | 0.15% |
| 기내반입유모차 | 640 | 7,270 | 0.22% | 0.04% |
| 기내용유모차 | 480 | 3,510 | 0.66% | 0.25% |
| 초경량유모차 | 420 | 3,610 | 0.18% | 0.18% |
| 유모차종류 | 410 | 1,850 | 1.09% | 0.37% |
| 휴대용유모차추천 | 220 | 2,540 | 0.69% | 1.51% |
| 경량유모차 | 210 | 1,310 | 0.29% | 0.18% |
| 접이식유모차 | 190 | 790 | 0.62% | 0.19% |
| 수입유모차 | 170 | 720 | 1.17% | 0.29% |
| 명품유모차브랜드 | 160 | 940 | 1.46% | 0.15% |
| 국민유모차 | 150 | 900 | 0% | 0.13% |
| 휴대용유모차순위 | 150 | 1,060 | 0.41% | 0.27% |
| 유모차디럭스 | 130 | 810 | 0.11% | 0.13% |

'유모차', '절충형유모차' 키워드의 경우는 절충형/디럭스 카테고리가 나오는 것을 확인했다.

'명품', '브랜드', '초경량', '신생아', '기내반입', '접이식', '수입', '국민'이라는 키워드를 기입하여 노출되는 각각의 카테고리를 확인해서 태그를 적용해야 한다.

'유모차'에 등록한 태그는 다음 그림과 같이 분류했으며, 등록되어 있는
키워드를 검색하면 절충형/디럭스 카테고리만 나온다.

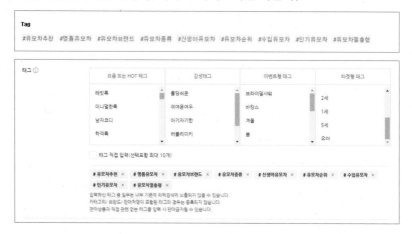

'휴대용유모차'에 등록한 태그는 다음 그림과 같이 분류했으며, 등록되어
있는 키워드를 검색하면 초경량/휴대용 카테고리만 나온다.

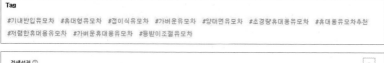

스마트스토어 가이드에도 이용자가 입력한 검색어가 상품명, 카테고리, 제조사/브랜드, 속성/태그 등이 선도호에 적합한지를 책정하여 노출에 반영됨을 설명하고 있다.

태그는 연관된다고 무조건 적용하는 것이 아니라 카테고리에 부합하는 키워드를 적용해야 적합도에 부합한다.

---

**2.1. 적합도**
이용자가 입력한 검색어가 상품명, 카테고리, 제조사/브랜드, 속성/태그 등 상품 정보의 어떤 필드와 연관도가 높은지, 검색어와 관련하여 어떤 카테고리의 선호도가 높은지 산출하여 적합도로 반영됩니다.

---

▲ 스마트스토어 적합도 관련 가이드

# 네이버 쇼핑
# 가격비교 이해와 제대로 활용하기

가격비교는 판매를 왕성하게 해주는 효과를 기대할 수 있지만 수정의 번거로움이 있어 노출이 하락하는 것을 방지하는 데는 어려움이 따르기도 한다. 가격비교를 생성하는 기준부터 내가 판매하는 카테고리가 가격비교 우선인지 아니면 스마트스토어 단독 노출이 우선인지를 잘 파악하는 것이 중요하다. 고객의 첫 검색 이후 최종도달을 판매자 마음대로 조절할 수 있는 매력적인 기능인 가격비교를 파헤쳐보자.

가격비교를 생성하기 위해서는 전체 사이트에 등록하는 카테고리가 동일해야 하고 썸네일, 상품명, 가격, 브랜드, 제조사, 모델명 등이 같아야 빠르게 생성된다.

'인기원부화' 카테고리의 경우는 위의 조건을 만족하더라도 생성되지 않지만 대부분의 카테고리는 가격비교가 생성된다고 생각하는 것이 좋다.

가격비교를 생성하면 네이버의 유입을 원하는 사이트로 연계시킬 수 있다는 장점이 있다. 반면 누군가 내가 형성해 놓은 가격비교에 의도적으로 가격을 조정하여 진입한다면 노출에 악영향을 받을 수 있다는 단점이 있다.

---

**"6가지 항목을 동일하게"**
썸네일 이미지, 상품명, 판매가격, 배송방식+제조사, 브랜드, 모델명

❶ 인기원부화가 적용되는 카테고리
❷ 요청에 의한 가격비교 생성(쇼핑 파트너존 활용)
　　네이버가 브랜드로 인지한 상품의 제조사, 브랜드, 모델명, 상품 정보제공고시 기준
❸ 판매량이 없거나 클릭 로그, 구매 로그가 적은 상품은 가격비교 생성되지 않음.

**조건**
• 최저가 기준으로 상품이 묶인다.
• 묶인 상품은 해제가 불가하다.

**위험요소**
• 상품이 갑자기 노출 순위에서 제외될 수 있다.
• 엉뚱한 상품명 적용으로 인해 노출 순위에서 제외될 수 있다.

---

먼저 가격비교를 생성하기 위해 판매채널별 카테고리의 일관성을 유지해야 한다.
G마켓에서 등록한 '휴대용유모차'의 검색 정확도는 다음 그림과 같다.
'유모차' 키워드의 검색 결과는 카테고리에 '유모차' 키워드가 포함되어 있을 시 무조건 노출된다.

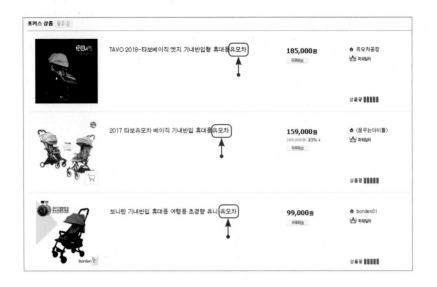

'휴대용유모차'를 검색하면 소분류에 '휴대용유모차'를 검색한 판매자의
상품만 노출된다.

그런 이유는 G마켓 시스템 안에 검색 정확도라는 항목이 있기 때문에 검
색어에 따른 카테고리 기준이 존재한다는 것이다.

만약 G마켓에 휴대용유모차를 판매하기 위해 '휴대용유모차' 소분류 카테
고리에 등록했다면 앞서 언급한 것과 같이 네이버에서 '휴대용유모차' 검
색 결과에는 노출되지만 '유모차' 검색 결과에는 노출되지 않는다.

그렇기 때문에 가격비교를 형성하기 위해서는 G마켓에 등록한 휴대용유
모차 카테고리 상품을 복사하여 네이버의 패턴에 맞춘 후 절충형유모차
카테고리에 한 번 더 등록을 해줄 필요가 있는 것이다.

가격비교는 최초 등록 시 생성된다.

최초 등록 시 전체 마켓에 썸네일, 상품명, 제조사, 브랜드, 모델명을 같게 하여 등록 시 이미지 가격비교가 우선 생성되며 시간이 지나 트래픽이 발생하면 원부(가격비교)가 생성된다.

### "7가지 항목을 동일하게"
썸네일 이미지, 상품명, 판매가격, 배송방식+제조사, 브랜드, 모델명, 상품명

❶ 이미지 가격비교
이미지, 가격, 상품명 동일 시 생성(최초 등록 시 생성)

❷ 카달로그 가격비교(쇼핑 파트너존 활용)
네이버가 브랜드로 인지한 상품의 제조사, 브랜드, 모델명, 상품 정보제공고시 기준.

| 상품정보제공고시 | | |
|---|---|---|
| ⏐ 모든 항목은 필수입력 사항입니다. | | ☐ 상품상세 참조로 전체 입력 |
| 상품군 | 사무용기기(컴퓨터/노트북/프린터) ▾ | 자주쓰는 상품정보제공고시 |
| 품명 및 모델명 | · 품명 | |
| | · 모델명 | |
| KC 인증 필 유무 | · 판매 중 정보통신기기제품과 적합성평가인증대상 상품에 한함 | |

가격비교(❶)가 생성됐을 때 아래 제원 값을 좀 더 풍부하게 보여주고 싶다면 상품 정보제공 고시와 세부 속성 값(❷)을 자세하게 작성해야 한다. 가격비교 상품은 '가격비교' 탭에서 별도로 볼 수 있다.

가격비교를 좀 더 정확하게 등록하기 위해서는 생성자가 되면 된다.

생성자가 되려면 상표권을 가지고 있어야 하며 브랜드 신청을 완료하면 그 자격이 주어진다.

네이버 쇼핑파트너존(https://adcenter.shopping.naver.com)에 접속한 후 로그인 버튼 바로 아래의 [브랜드사 가격비교(신청서)] 버튼을 클릭하면 가격비교 상품 정보 제작에 참여할 수 있다. 사업자 기본 정보와 사업자 등록증, 상표권 권리 증빙서류를 업로드하면 원부의 생성자가 될 수 있다.

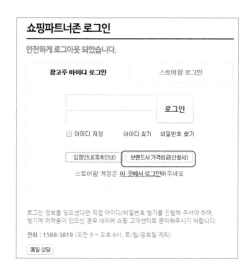

이용약관동의, 가입신청 단계에서 가입신청서 작성 팝업 창이 나타나면 브랜드사 기본정보, 사업자정보, 담당자 정보, 서류 첨부 후 신청하면 가입 신청이 완료된다. 등록한 제휴담당자 이메일과 휴대폰 SMS로 입점 절차를 안내문을 받아볼 수 있다.

**가입신청서 작성**

| 브랜드사 기본정보 | ✓ 표시 필수입력사항 |

| ✓ 아이디 | [아이디중복검사] |
| | · 4자 이상의 영소문자, 숫자 혼합되어 4~12자까지 가능 |

| ✓ 비밀번호 | · 비밀번호는 10자리 이상, 영문대문자/영소문자/숫자/특수문자 중 두 가지 경우 이상의 조합이 필요합니다. |
| | · 특수문자 중 공백, `<`, `>`는 사용이 불가합니다. |

| ✓ 비밀번호 확인 | |

| ✓ 업체명 | [중복확인] |

| 서류 첨부 |
| · 신청서와 서류접수가 모두 완료되어야 심사/가입이 가능합니다. (서류 미제출시, 승인이 불가합니다.) |
| ✓ 업체 서류 필별 첨부 파일당 용량은 5MB로 제한되며, 최대 1개까지 첨부 가능합니다. |
| ✓ 증빙 서류 추가 용량이 5mb 초과 또는 여러 개 파일 등록이 필요한 경우 사용하시기 바랍니다. 최대 30개 까지 첨부 가능합니다. |
| 첨부 가능한 파일 포맷: JPG, JPEG, GIF, TIFF, PNG (+상표권 관리 증빙 서류는 PDF파일도 가능합니다.) |

| 사업자 등록증 | [찾아보기...] [삭제] |
| 상표권 관리 증빙 서류 | [찾아보기...] [삭제] [파일추가] |

> 신청서와 서류접수가 모두 완료되어야 심사/가입이 가능하다.

* 상표권 관리 증빙 서류는 다음과 같습니다.

1) 상표권자
- 특허청 특허로(www.patent.go.kr)에 상표 등록이 되어, '특허정보검색서비스(www.kipris.or.kr)'를 통해 상표등록 여부 확인 가능한 자.
(증빙서류 예시 : 상표등록원부)

2) 상표전용 사용권자
- 상표권자로 부터 등록상표를 등록한 지정상품에 독점적으로 사용할 권리를 받은 자로 서, 상표 전용계약서를 보유(예출)할 수 있는 자.
(증빙서류 예시 : 브랜드 제조업자와의 상표전용사용 계약서)

[신청하기]

만약 상표권자가 아닐 경우 또는 명확한 상표권자가 없는 경우는 신청을
통해 생성할 수 있다.(최근에는 브랜드 등록이 되어 있지 않으면 요청이
반려되기도 한다.)

쇼핑파트너존에 로그인하여 관리자 페이지 메인화면 상단의 [문의/공
지]-[1:1 문의하기] 메뉴를 클릭하여 요청할 수 있다.

1:1 문의하기 페이지에서 회원정보, 문의유형, 문의내용을 작성한 후 [등록] 버튼을 클릭한다. 상담분류는 [상품 등록/업데이트]–[가격비교 매칭]을 클릭하여 해당 상품의 가격비교 생성을 요청할 수 있다.

마지막으로 가격비교를 생성할 때 주의할 점은 최저가를 어느 사이트에 지정할 것인가에 따라 노출 순서에 영향을 미친다는 점이다. 다음은 스마트스토어, 위메프, G마켓, 옥션 등 10곳의 사이트에 등록된 상품의 가격비교가 되고 있는 사례이다.

가격비교는 최저가를 기준으로 노출되는데 네이버 쇼핑 상단에 노출이 잘 되는 사이트는 스마트스토어이다. 하지만 동일 판매가 기준으로 등록하면 스마트스토어을 제외한 모든 사이트는 네이버 쇼핑에 자체 쿠폰을 적용하여 할인된 가격으로 노출되기 시작한다.

만약 가격 및 혜택 등이 동일 조건이라면 스마트스토어가 가장 비싼 판매채널이 되는 것이다.

노출의 효과는 가장 상단이지만 가격비교는 최저가 기준으로 생성되기 때문에 어렵게 생성한 가격비교 원부가 원하지 않는 곳에 생성될 확률이 높다는 것이다.

가격비교는 최초 등록 시 그리고 동일 조건을 갖출 경우 생성된다고 했으니 가격을 잘 조정하여 가장 최상단에 위치한 상품에 가격비교가 묶일 수 있도록 판매채널별 가격을 조절해야 한다.

| Chapter |

# 04

## 스마트스토어 마케팅

스마트스토어는 광고 없이도 판매자 개인의 노력만으로 상품을 잘 판매할 수 있는 매력적인 요소를 갖추고 있다. 단 여성의류 등 경쟁이 치열한 카테고리에서 고객의 클릭수를 확보하는 것은 매우 어려운 일이다.

광고는 고객으로 부터 내 상품의 클릭수를 확보하는데 가장 좋은 수단이다. 그중 쇼핑 광고는 노출구좌를 상단에서 확보할 수 있다는 장점이 있다.

상위에 리스팅 되기까지 유지를 하고 그 이후에 광고를 중단해도 순위 변화에는 큰 영향을 미치지 않는다.

네이버 쇼핑 광고는 판매자 마음대로 키워드를 선정할 수가 없다는 단점을 가지고 있다.

이 장에서는 쇼핑 광고 설정방법과 기능별 설정에 따른 노출 비교를 설명한다.

# 네이버 쇼핑 광고 이해와 제대로 설정하기

광고의 집행을 검색 또는 구매로 구분해서 접근해야 한다. 광고는 정확히 말하면 노출이라고 표현해야 하며 그 이후에 클릭과 전환은 다른 요소들이 부합되어 이루어지기 때문에 엄밀히 따지면 노출에 의한 검색이라고 보는 것이 좋다.

네이버의 광고 중 쇼핑검색 광고는 클릭 당 비용도 높게 책정되어 있어 지출이 큰 영역이지만 그만큼 전환이 좋다면 광고비 대비 이익이 많이 발생되는 영역이기도 하다. 광고를 집행하는 목적이 뚜렷해야 비용대비 이익 발생이 적더라도 로그분석을 통해 결과물을 얻어낼 수도 있다. 광고를 잘하는 방법은 존재하지 않는다. 비용대비 얻으려고 하는 목적을 가지고 움직이는 것을 추천한다.

쇼핑 광고는 네이버 통합검색 결과 및 네이버 쇼핑검색 결과에 광고가 노출되는 이미지형 검색광고 상품이다. 새로운 광고시스템에서 네이버 쇼핑 계정을 인증하고, 쇼핑에 등록된 상품을 불러오는 방식으로 네이버 쇼핑 입점이 필요하다.

쇼핑 광고는 다음과 같은 특징이 있다.

- 이용자가 특정 상품을 검색할 경우, 검색 결과에서 '상품' 단위로 노출되는 이미지형 검색광고 상품이다.
- '네이버 쇼핑' 판매자 인증 후 쇼핑에 등록된 상품을 조회, 등록하게 되면서 등록 과정이 더 쉬워진다.
- 클릭 횟수만큼 과금되는 CPC 방식으로, 쇼핑검색광고에서 직접 입찰가를 설정할 수 있다.
- 네이버페이에 가맹된 쇼핑몰이라면, 네이버에서 구매한 고객에게 포인트 추가적립 혜택을 제공한다.
- 광고검색 결과에 '네이버 페이 추가적립' 아이콘(N Pay ❶)이 함께 노출되어 광고 효과에 도움을 줄 수 있다.

쇼핑 광고의 노출은 PC에서는 2~4구좌(2018년 4월 기준), 모바일에서 4~8구좌(2018년 4월 기준)에 노출된다. 광고로 노출된 상품은 그림과 같이 광고 아이콘(ⓘ광고 ❶)이 표시된다.

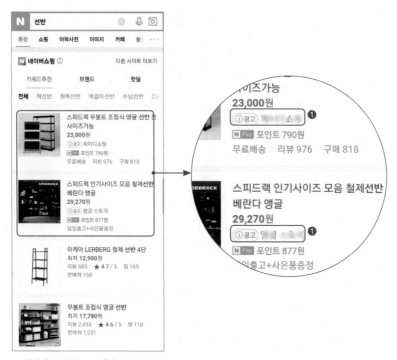

▲ 네이버 쇼핑 광고 모바일_2구좌 사례

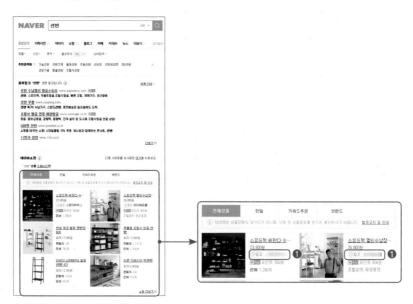

▲ 네이버 쇼핑 광고 PC_2구좌 사례

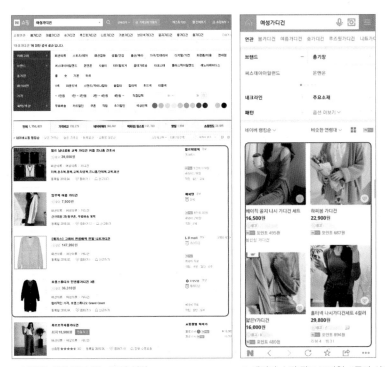

▲ 네이버 쇼핑 광고 PC_4구좌 사례                    ▲ 네이버 쇼핑 광고 모바일_4구좌 사례

네이버 쇼핑 광고는 CPC(클릭 당 과금) 방식이다. 즉, 1클릭 당 최소 50
원부터 최대 10만 원까지 설정이 가능하다. 잠재 소비자(여기서는 검색
한 사람)가 광고로 노출된 상품을 클릭하면 금액이 부과된다. 네이버 쇼
핑 광고는 대부분의 상품에 노출되지만 디지털/가전, 여행/문화, 면세점
은 제외된다. 다음 그림 1의 경우처럼 여성의류 카테고리 상품인 '여성가
디건'을 검색하면 쇼핑 검색 결과 상단에 광고(광고 아이콘 ⓐ광고 이 표시
된 상품 ❶) 상품이 노출된다. 반면 그림 2의 경우처럼 디지털/가전 카테
고리 상품인 '세탁기'를 검색하면 쇼핑 검색 결과 상단에 광고가 노출되지
않는다. 광고 아이콘이 표시된 상품들은 모두 광고로 등록된 노출된다.
광고 상품(❷)을 클릭하면 일정 금액의 광고비가 과금된다.

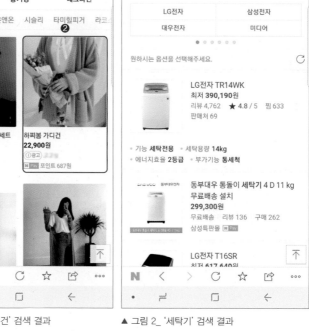

▲ 그림 1_'여성가디건' 검색 결과　　　　　▲ 그림 2_ '세탁기' 검색 결과

노출 순위는 광고주가 상품 단위로 적용한 '입찰가'와 이용자가 검색한 키워드와 상품의 '연관도' 그리고 클릭수에 의해 광고 노출 순위가 결정된다.

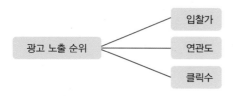

광고 설정하는 방법에 대해서 알아보자.

**01** 네이버(naver.com) 메인페이지에서 맨 하단에 있는 '비즈니스 · 광고'를 클릭한다.

**02** 네이버 비즈니스 메인화면 우측 상단의 [서비스 바로가기]–[검색 마케팅]을 클릭한다.

**03** 네이버 검색광고 페이지 메인화면 우측 로그인 영역에서 로그인한다.

**04** 로그인 후 네이버 광고 현황 페이지 우측의 비즈머니 영역에서 [광고 시스템]을 클릭하여 Naver 광고 화면으로 이동한다.

**05** 네이버 광고관리 시스템에 접속하여 좌측 상단에 있는 [광고 만들기] 버튼을 클릭한다.

**06** 쇼핑검색 유형을 클릭하고 하단에 있는 항목을 선택 입력하여 [저장하고 계속하기] 버튼을 누른다.

광고 예산이나 기간을 설정하여 집행할 경우 효율적인 광고를 집행했다고 말할 수 있다. 하지만 광고의 지속성, 연계성을 고려한다면 효과적인 광고 집행이라고 보기는 어렵다.

네이버 광고의 특성상 최초의 광고 집행은 예산을 설정하여 설정한 금액이 얼마의 기간 또는 시간 동안 소진되었는지를 파악해 볼 필요는 있다. 최소 50원~10억까지 입력이 가능하니 조금씩 과금 금액을 올려가면서 적정 수준을 파악하는 것이 좋다. 과도한 과금을 방지하기 위함이며 클릭 당 단가를 조절해야 되기 때문이다.

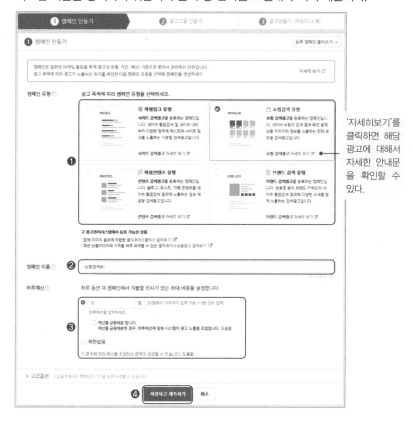

'자세히보기'를 클릭하면 해당 광고에 대해서 자세한 안내문을 확인할 수 있다.

❶ 캠페인 유형 : 캠페인은 마케팅 활동에 대해 목적을 기준으로 묶어서 관리하는 광고 전략 단위이다. 검색광고 캠페인 유형에는 '파워링크 유형', '쇼핑검색 유형', '파워콘텐츠 유형', '브랜드검색 유형', 4가지가 있다.

❷ 캠페인 이름 : 캠페인 이름은 광고에 실제 노출되지 않고, 광고 관리 목적으로 사용되기 때문에 광고 특색에 맞는 이름을 입력하면 관리하기 수월하다.

❸ 하루예산 : 하루 동안 이 캠페인에서 지불할 의사가 있는 최대 비용을 설정한다. 하루 예산을 설정하면 당일 해당 캠페인에 과금된 금액이 설정된 하루 예산보다 많아질 것으로 예상되는 시점에 해당 캠페인의 상태를 '중지' 상태로 전환하게 된다. 만약 설정된 하루 예산을 하루 동안 균등하게 노출하고 싶다면, "예산을 균등 배분 합니다." 체크 박스를 선택한다. 캠페인 하루 예산 설정 시 예산 배분 방식을 설정할 수 있다.

- 일반 노출 방식 : 설정한 하루 예산에 도달할 때까지 광고가 계속 노출되는 방식이다. 만약 예상보다 광고 클릭이 많이 일어나 하루 예산이 조기에 소진된다면 광고가 노출되지 않게 된다.
- 균등 배분 방식 : 하루를 기준으로 예산을 고르게 배분하여, 시스템이 광고 노출을 조절하는 방식이다. 이 방식은 하루 예산이 조기에 소진되어 버리는 것을 막을 수 있지만 특정 시간대에 빈번한 광고 노출이 필요할 경우에는 충분히 노출되지 않을 수 있다.

**07** 광고 그룹은 광고의 운영과 효과 분석, 입찰을 진행하는 단위이다. 그룹을 만들기 전 상품을 분류해 놓고 설정하는 것이 추후에 광고를 관리하는데 도움이 된다. 다음과 같은 절차라고 생각하면 이해가 쉬울 것이다.

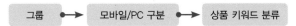

먼저 그룹을 생성하기 위해 쇼핑몰을 선택하고 [저장하고 계속하기] 버튼을 클릭한다.

**08** 광고를 집행할 상품을 검색하여 찾은 후 좌측에 있는 [추가] 버튼을 눌러 상품을 선택한다. 페이지 하단에 [광고 만들기] 버튼을 클릭하여 완료한다.

**09** 광고그룹 설정이 완료되면 다음과 같이 캠페인 목록이 생성되고, 파란색으로 되어 있는 쇼핑검색광고 부분을 클릭하면 광고그룹으로 들어갈 수 있다.

등록이 완료되면 약 1일 정도의 소재 검토가 진행되고, 그 이후 노출 가능으로 값이 변동되면 광고가 정상적으로 노출되기 시작한다.

네이버 쇼핑광고의 경우 광고주가 직접 광고키워드를 설정할 수 없기에 자동 설정된 값에서 지출되는 키워드를 확인해야 한다는 단점이 있다.

제외키워드를 설정하려면 1일 광고 집행 이후에 설정이 가능하기 때문에 금액을 최소화한 후 조금씩 상향 조정하면서 금액이 차감되는 속도를 확인해야 한다.

1일이 지난 후 제외키워드 영역에 클릭하여 들어오게 되면 다음 그림처럼 키워드 리스트가 보이고 좌측에 [+] 추가 버튼을 클릭하면 노출되는 키워드에서 클릭한 키워드가 제외된다.

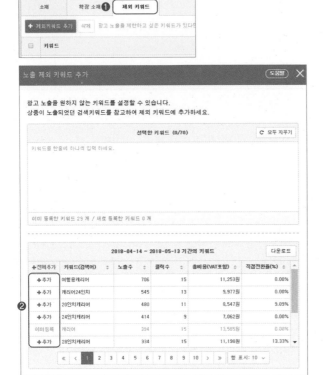

**10** 우선 집행 후 키워드를 제외하게 되는데 통합으로 발생된 경우 제외키워드 설정을 분리할 수 없기 때문에 그룹 안에 2개의 소그룹을 설정하고 모바일과 PC로 각각 분리하여 광고를 집행하면 효과적인 관리가 가능하다.

**11** 확장 소재를 등록하면 지수에 좋은 영향을 받는다. 홍보문구와 네이버 톡톡을 광고에 연결하여 실시간 상담을 적용해 주면 된다.

**12** 광고를 집행하면서 내 광고의 효율을 확인하는 방법은 아래와 같다. 광고관리의 모든 캠페인 페이지에서 [기본 설정] 드롭 버튼(▼)을 클릭한 후 [새로운 사용자 설정] 메뉴를 클릭한다.

**13** '사용자 설정' 창이 나타나면 성과 지표의 노출수, 클릭수, 클릭률, 평균클릭비용, 총비용 등 항목의 체크박스 선택한 후 [적용] 버튼을 클릭한다. 항목의 성과를 확인한다.

# 스마트스토어 노출채널 관리하기

노출채널 3가지(쇼핑윈도, 기획전, 럭키투데이)는 판매 활성화를 위해 필요한 요소이기는 하지만 카테고리별로 적용해야 하는 부분은 정해져 있다고 생각해야 한다. 내 검색어에 우선 노출되는 항목이 무엇인지를 확인하고 적용해야 효과를 볼 수 있다는 얘기이다. 무조건적으로 적용한다고 유입이 발생되는 것이 아니기 때문에 리소스를 투여하기 이전에 반드시 확인하고 필요에 있어서 시행해야 함을 기억하자.

스마트스토어 상품 등록 후 트래픽을 발생시킬 수 있는 방법 중 광고를 제외한 채널에 대한 소개이다.

스마트스토어 내부 기능에는 기획전, 럭키투데이, 가격비교설정, SNS 설정, 쇼핑윈도 노출 제안 등이 있다.

아이템의 성격에 따라 내부 기능에 맞춰서 등록하는 것이 중요하지만 모든 서비스에 설정한다면 쇼핑 광고 없이도 고객의 클릭수를 확보하는데 많은 도움이 된다.

# 1 _ 네이버 쇼핑윈도 이해와 제안하기

## 1-1. 네이버 쇼핑윈도 이해하기

네이버 윈도시리즈는 패션, 리빙, 푸드, 아트 등 전국 각지의 다양한 오프라인 상점 정보를 제공하는 쇼핑 O2O(오프라인 상점을 온라인화 시키다) 플랫폼으로 오프라인 소상공인에게 상점이나 상품을 알릴 수 있는 서비스이다. 예를 들면 백화점윈도는 현재 백화점에 디스플레이 되고 있는 상품 그대로 판매되는 되고, 푸드윈도는 산지에서 재배한 신선한 식재료와 전국 지역 특산물을 한 곳에서 구매할 수 있다. 2018년 5월 기준 총 11개의 네이버 윈도가 제공된다.

▲ 네이버 쇼핑과 윈도(http://shopping.naver.com)

윈도 상품은 네이버 쇼핑 메인화면 상단에 카테고리별로 분류되며, 각 카테고리를 클릭하면 컨셉별 상품들이 나열된다. 예를 들면 [리빙 윈도] 카테고리를 클릭하면 리빙 세부 카테고리별로 분류되고 여기서 [가구단지] 카테고리를 클릭하면 전국 가구단지의 오프라인 가구매장의 상품들이 나열된다. 단, 윈도에 입점되어 있는 가구단지의 오프라인 가구매장의 판매자 상품들만 노출된다.

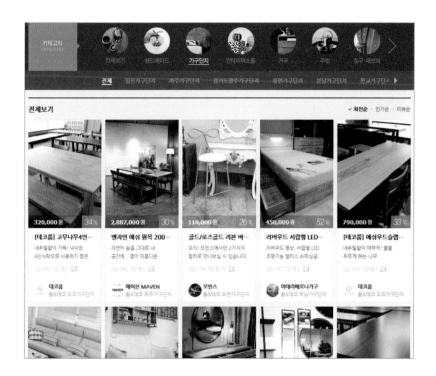

원도는 온라인으로 상품을 검색하고 오프라인 매장을 방문해서 실물을 확인한 후 구매할 수 있는 쇼핑 형태를 제공한다. 원도는 네이버 쇼핑 원도 입점 조건에 부합되는 판매자라면 반드시 진행해야 하는 판매방식이다.

원도 상품은 검색 결과에서도 상위에 노출되는 것을 쉽게 확인할 수 있다. 내 상품을 검색해보면 1페이지 안에 원도 상품의 노출 개수를 파악해 봐도 내가 속한 카테고리에서 원도의 비중을 엿볼 수 있다.

다음은 네이버 쇼핑에서 강아지의 '가슴줄'을 검색한 결과이다. 상단 상위 4개 상품(❶)는 광고로 노출된 상품이고, 바로 그 아래 상품(❷)들은 광고 없이 노출된 상품이며, 모두 팻원도(❸)에 입점된 상품임을 알 수 있다.

## 1-2. 쇼핑윈도 노출 제안하기

쇼핑윈도 노출 제안 방법에 대해서 알아보자.

쇼핑윈도를 개설해야 한다.

**01** [노출채널관리]-[쇼핑윈도 노출 제안] 메뉴를 클릭하면 신
청 화면이 활성화된다.

**02** 쇼핑윈도 노출 제안 페이지에서는 카테고리별 윈도를 신청할 수 있다. 원하는 윈도의 라디오 버튼을 클릭하면 지역을 설정하는 곳도 있고 해외직구의 경우는 나라를 선택할 수 있다.

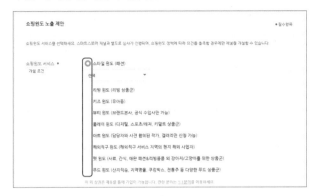

**03** 각 윈도 별로 개설 조건이 다르다. 윈도 별 개설 조건 확인은 쇼핑윈도 서비스 아래 [개설 조건] 버튼을 클릭해서 확인이 가능하다.

**04** 오프라인 매장 보유 여부와 쇼핑윈도 이름, 소개글, 대표이미지, 영업시간, 관련서류 제출 후 [채널 추가 요청] 버튼을 클릭하면 심사를 통해 3일 내 승인이 이루어진다.

**05** [판매자정보]–[심사내역 조회] 메뉴를 클릭하면 심사 내역을 확인할 수 있다. 만약 심사 승인이 보류되었다면 그 사유도 확인할 수 있고, 재신청하기를 통해 재심사를 요청할 수 있다.

## 1-3. 쇼핑윈도 상품 등록하기

쇼핑윈도의 상품 등록 방법은 스마트스토어 등록과 동일하다. 기본 상품 정보를 모두 입력하신 이후에 하단의 '노출 채널' 항목에서 노출을 원하는 채널을 선택할 수 있다. 만약 스마트스토어와 쇼핑윈도를 모두 운영하는 경우 다음과 같이 2개 채널 모두 선택할 수 있고 스마트스토어 1개 채널만 선택할 수도 있다.

하지만 등록 후 전시대기 과정을 거쳐야 한다. 관리자 검수가 있기 때문에 등록 후 승인 절차를 거쳐야 한다.

## 1-4. 쇼핑윈도 판매 방식 완벽 분석

판매상태는 상품, 전시 채널에 따라 N개의 전시상태를 가진다.
상품의 판매상태를 변경하게 되는 경우 채널의 판매상태가 동시 적용된다.
전시상태는 채널단위로 변경할 수 있으며, 관리자 검수가 존재하는 쇼핑윈도인 경우에만 전시대기가 존재한다.

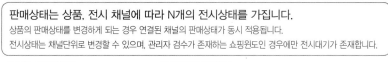

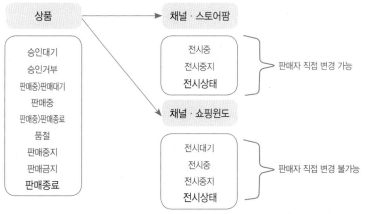

쇼핑윈도 결제 여부에 대해서 알아보자. 상품 상세페이지에 [N 구매하기]를 노출하여 네이버 페이로 결제 가능하도록 설정하는 기능이다.

쇼핑윈도는 결제 가능 상품과 불가능 상품을 설정할 수 있다.

네이버 페이 적용 상품으로 구매하기가 노출되는데 전화 주문이나 문의를 통해서만 구매가 가능한 경우 결제 여부를 '설정안함'으로 설정해 줘야 한다. 그 외 온라인으로 구매가 가능한 상품이라면 '설정함'으로 설정해 주면 된다.

- 온라인으로 구매가 가능한 결제가능 상품. 상품문의 등을 통해 주문이 가능한 결제불가능 상품을 생성할 때 사용하는 기능이다.
  - 결제 여부 '설정함' = 온라인으로 구매가 가능한 결제 상품(기본으로 설정된다.)
  - 결제 여부 '설정안함' = 상품문의 & 전화나 톡톡을 통해 주문이 가능한 결제불가능 상품
- 계정에 네이버 페이지를 적용한 경우에만 노출된다.
- 채널 '쇼핑윈도'만 적용되는 기능이며. 채널 '스마트스토어'의 경우에는 노출 대상이 아니다.
- 결제 여부 '설정함'으로 상품 등록이 완료된 상품은 결제 여부 '설정안함'으로 변경할 수 없다.

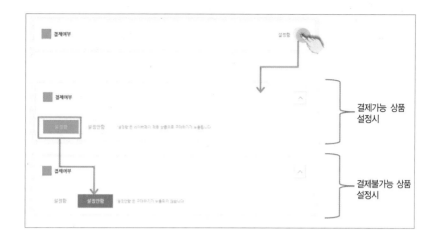

마지막으로 세트상품을 구성할 수 있는데 G마켓 옥션의 그룹과 동일한 기능이다.

코디할 수 있는 상품이나 구성이 가능한 상품들을 세트를 생성하여 상품을 불러와 최대 10개까지 구성할 수 있다.

- 채널 단위로 세트상품을 묶을 수 있으며, 2개 이상의 상품이 세트(=코디)이다.
- 세트상품은 전시상태 '전시중지'이거나, 추가구성 상품이 설정된 상품은 불러올 수 없다.
- 세트 상품을 관리자가 검수하여 '전시중' 상태로 변경되어야만 서비스에 전시되며, 서비스 이후 세트에 포함되어 있는 상품이 2개 이상이어야 한다.
- 세트 상품은 최대 10개까지 구성할 수 있다.

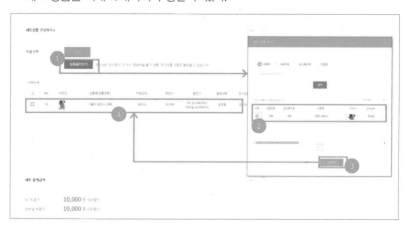

※ 스마트스토어와 쇼핑윈도 2개 채널 모두에서 상품이 판매되면 스마트스토어의 수수료만 부과되며, 쇼핑윈도에서 추가되는 수수료는 없다.

## 2 _ 매출 높여주는 기획전 진행과 관리

기획전은 내 스마트스토어의 상품을 다양한 방식으로 홍보하고 판매할 수 있는 서비스이다. 기획전의 컨셉에 따라서 다양한 유형으로 운영할 수 있다.

PC는 우측 상단의 [기획전]을 클릭하면 현재 진행 중인 카테고리별 기획전을 확인할 수 있다. 모바일은 PC보다 다양한 곳에 노출될 수 있다.

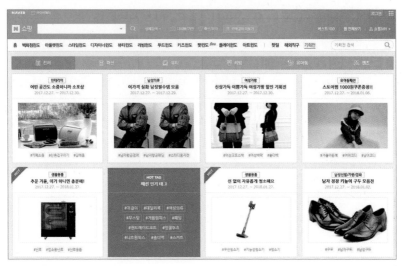

▲ 기획전_PC

▲ 기획전_모바일 　　　　▲ 기획전에서 해시태그로 검색한 결과

기획전은 네이버 쇼핑 메인화면에 노출되기 때문에 상품 홍보는 물론 매출 증대에도 큰 도움이 된다. 또 기획전은 상품이 많은 판매자가 설정해 두면 더 좋은 효과를 볼 수 있다.

기획전이 노출되는 구좌는 쇼핑 상단 우측에 있는 기획전 코너이다.

기획전 신규 등록 이전에 단품으로 50~500개(섹션당 최소 11개 이상 ~100개 이하 상품)의 상품이 등록되어 있어야 진행이 가능하다.

의류나 품목이 많은 판매자에게 권하며 10개 미만의 상품을 취급하고 있다면 추천하는 항목은 아니다.

**01** [노출채널관리]–[기획전관리] 메뉴를 클릭한다.

**02** 기획전 관리 페이지에서 [신규 기획전 등록] 버튼을 클릭한다.

**03** 기본정보 입력 영역에서 기획전 타입은 즉시할인, 톡톡친구 쿠폰, 스토어찜쿠폰, 포인트 적립 중 선택 할 수 있으며 기획전 제목과 10개의 태그를 입력한다.

**04** 기간은 14일 이내로 설정가능하며, 상단배너(모바일, PC)와 핫딜 특가소식 배너(모바일) 이미지를 등록할 수 있다. 각 항목의 이미지 용량을 확인하여 저장한다. 상단배너 타이틀을 입력한다.

'가이드보기'를 클릭하면 배너 제작용 샘플을 다운받을 수 있고 노출영역까지 확인이 가능하다.

**05** 섹션 설정 및 노출 상품 등록 영역에 레이아웃을 설정해주고 태그를 추가해주면 기획전 설정이 완료된다. [저장하기] 버튼을 클릭하면 완료된다.

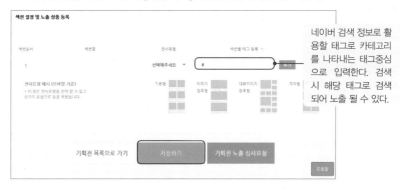

# 3 _ 프로모션의 꽃, 럭키투데이로 판매하기

럭키투데이는 판매자가 스마트스토어에서 판매하고 있는 자신의 상품을 선정해서 프로모션할 수 있는 서비스이다. 특별한 가격으로 고객에게 판매할 수 있는 공간이며 쿠팡 등 소셜커머스의 기능을 하는 공간이기도 하다.

럭키투데이는 스마트스토어에서 카테고리 담당자를 만나지 않고 진행할 수 있는 행사 중 가장 효율이 좋은 구좌이다.
PC와 모바일 검색 결과는 물론 핫딜 코너에서 노출이 되기 때문에 상품 등록 이후 클릭을 유도하는데 좋은 효과를 볼 수 있다.

▲ 럭키투데이_PC

▲ 럭키투데이_모바일　　　　▲ 럭키투데이_타임특가

- 럭키투데이 등록 상품의 조건

❶ 검수 완료된 상품은 상품관리에서 즉시 할인가를 제안가와 동일한 가격을 설정해 주어야 한다.

❷ 동일 기간 내 최대 1개 상품까지 진행 가능하며 최소 72시간 이상 진행해야 한다. 타임특가나 시즌 프로모션 참여 판매자에 한해서만 한시적으로 예외 처리된다.

❸ 월에 2개의 상품 1개 상품 최대 14일 이전까지 설정이 가능한 영역이다.

❹ 진행 이력이 있는 상품은 진행 종료일 30일 이후 다시 진행이 가능하다.

❺ 옵션의 70% 이상 균일가로 진행되어야 한다.

옵션 계산은 추가금이 없는 옵션을 기준으로 진행된다.

옵션가가 있는 경우 상품 상세페이지 최상단에 전체 옵션 가격정보 표기 필수이다.

럭키투데이 제안 방법을 알아보자.

**01** [노출채널관리]–[럭키투데이] 메뉴를 클릭한다. 럭키투데이의 제안 관리 페이지에서 [제안 등록하기] 버튼을 클릭하여 제안을 등록하면 '검수대기'로 심사 중 상태가 되고, 심사가 완료되면 '검수완료'로 변경된다. [제안 등록하기] 버튼을 클릭한다.

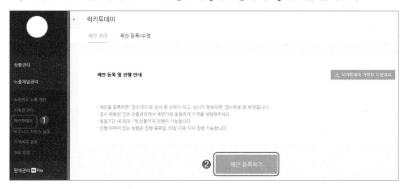

**02** 진행 제안 상품 영역에서 상품ID의 입력란에 상품번호를 입력하고 [확인] 버튼을 클릭하면 해당 상품의 정보가 불러와진다.

**03** 진행 제안 내용 영역에서 노출 영역은 '모두' 라디오버튼을 선택하고 제안가를 수정하여 적용한다.

제안가를 수정하더라도 현재 내 상품에 반영되는 것은 아니기 때문에 행사 시작 1일전 직접 설정해 줘야 한다.

럭키투데이 이미지는 PC버전(244×244px)과 모바일버전(640×350px) 두 개 이미지를 적용해야 하며 파일 용량에 주의해야 한다.

뒷배경은 흰색 합성되어 있는 이미지는 적용이 불가하다.

**04** 럭키투데이 상품명을 간략하게 작성하여 진행기간을 최대 14일 이전으로 설정한 후 [저장] 버튼을 클릭하여 저장한다.

저장을 완료하면 검수대기로 표기되며 약 2일 정도의 시간이 지나면 검수완료 또는 반려로 표기된다.

만약 반려로 표기되어 있다면 [수정] 버튼을 클릭하여 반려 사유를 확인하고 수정하여 재신청한다.

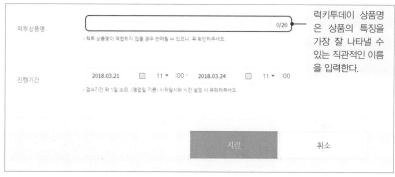

럭키투데이 상품명은 상품의 특징을 가장 잘 나타낼 수 있는 직관적인 이름을 입력한다.

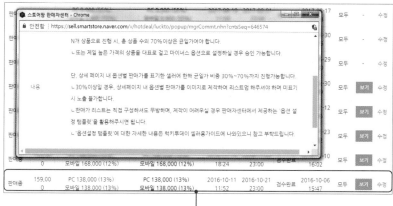

럭키투데이는 무료로 노출된다. 무료이기 때문에 허술하게 관리하는 경우가 있는데, 엑셀 파일 등으로 잘 정리하여 관리해야 체계적으로 진행할 수 있다.

# 스마트스토어 통계 활용하기

판매 활동을 하면서 반드시 해야 함을 알고 있지만 놓치기 쉬운 부분이 로그분석(통계)이다. 웹을 운영하면서 통계를 보지 않는다는 것은 고객을 보지 않겠다는 얘기와 같은 맥락이다. 고객을 보지 못하면 상품을 발전시키기 어렵고 정확한 검색에 대한 대응을 하기 어렵기 때문에 무분별한 광고의 의존도가 높아질 수밖에 없다. 스마트 스토어는 다양한 로그를 제공하는 유일한 판매채널이며, 이 로그를 분석만 해도 타 판매채널에서 광고를 적용하는데 많은 도움이 된다. 로그를 통해 좀 더 정확하고 활발한 판매를 경험해 보기를 권장한다.

스마트스토어 통계는 전자상거래요약, 판매분석, 마케팅분석, 상품별 쇼핑행동, 시장벤치마크, 고객현황, 재구매 통계 메뉴로 구성되어 있다.

주로 사용하는 메뉴는 키워드별 전환을 볼 수 있는 마케팅채널 〉 검색채널 이다.

최근에는 광고의 효율도 표기하기 때문에 검색마케팅을 효율적으로 진행하기 위해서는 통계를 자주보는 습관을 가져야 한다.

통계(로그)는 내 샵에 유입되는 고객의 유입경로, 검색패턴, 결제금액, 이동경로, 연령대, 디바이스 등을 파악할 수 있고 판매 및 마케팅 성과분석 서비스를 제공하는 플랫폼을 말한다.

통계는 스마트스토어만을 위한 로그 분석기이지만 분석을 통해 타 마켓 뿐만 아닌 내 고객에 대한 이해를 높이는데 아주 유용한 툴이다.

# 1 _ 스마트 스토어 통계 완벽하게 이해하기

스마트스토어 관리자 페이지에서 통계를 클릭하면 위에 나열한 메뉴를 확인할 수 있다.

## 1-1. 전체 통계를 한눈에 볼 수 있는 전자상거래 요약

전자상거래 요약 영역에서는 스마트스토어의 전체 통계를 한눈에 볼 수 있도록 안내해 준다. 데이터 취합은 2주씩 보여주며 매일 오전 8시에 갱신된다.

어제 결제 금액, 결제건수, 결제 상품수량, 최고 결제 금액 카테고리, 유입수, 유입채널, 유입당 결제율, 환불 금액 등 나의 스마트스토어 분석에 꼭 필요한 주요 지표만 나열한다.

전자상거래 요약 페이지에서 특히 눈여겨 봐야하는 것은 고객이 어디로 유입되어 결제하고 있는가를 보는 것이 중요하다. 특히 마케팅성과와 상품성과의 도표 상태 제대로 파악하고 빠르게 대응할 수 있어야 한다.

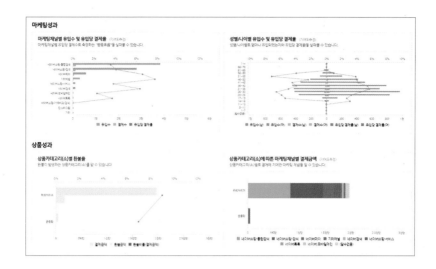

## 1-2. 판매분석

판매성과, 상품성과, 상품/마케팅채널, 상품/인구통계, 상품/고객프로파
일, 상품/지역 등을 확인할 수 있다.

'통계 – 판매분석' 메뉴를 클릭한 후 '상품/마케팅 채널'을 클릭하면 카테
고리별 매출액, 전환수를 확인할 수 있다.

전자상거래 요약과 같이 믹스해서 보게되면 고객이 어디로 들어오는지
그 이후의 행동이 어떤 카테고리를 클릭해서 몇 명이 얼마를 지출했는지
등을 볼 수 있다.

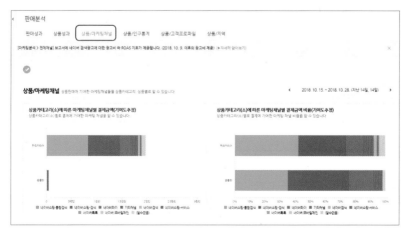

## 1-3. 마케팅분석

마케팅분석은 전체채널, 검색채널, 인구통계, 시간대별 등 다양한 마케팅 성과를 확인할 수 있다.

특히 클릭수, 전환률, 전환금액 등을 볼 수 있으며, 이 부분이 로그 분석의 핵심이다.

'통계 – 마케팅분석' 메뉴를 클릭한 후 '검색채널' 탭을 클릭하면 확인이 가능하다.


1-1부터 1-3까지를 종합적으로 떠올리며 생각해보면

고객의 인입경로 〉 선호 카테고리 전환 〉 고객의 검색 전환에 대해 확인이 가능하다.

샵로그의 상품별통계 〉 키워드별 통계를 떠올려보면 쉽게 이해가 될 것이다.

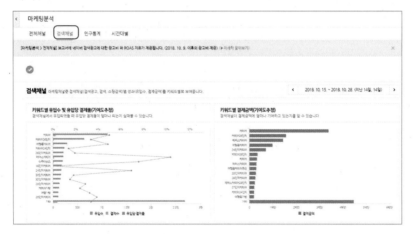

## 1-4. 고객현황

판매분석과 마케팅분석 외 영역은 판매자의 상황에 따라 달라지는 부분이며 내 사이트의 경쟁력, 고객수, 찜수, 톡톡친구수, 재구매 통계를 확인할 수 있다.

특히 2018년 4분기에 새로 편성된 네이버랭크순 영역의 인기도 지수에 '찜수'가 포함되었으므로 '통계 – 고객현황' 메뉴를 클릭한 후 '관심고객 (❶)' 부분을 참고하여 마케팅에 적용해보면 상품지수를 높이는데 도움이 될 수 있다.

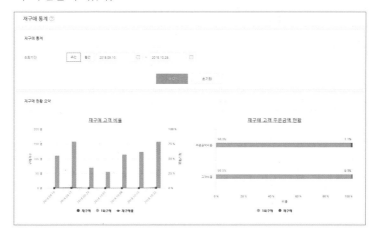

| 기준일 | 고객수 | | | 주문/환불 | | 고객비율 | | 관심고객 | | | |
|---|---|---|---|---|---|---|---|---|---|---|---|
| | 전체주... | 기존고객 | 신규고객 | 전체주... | 전체환... | 기존고... | 신규고... | 스토어... | 스토어... | 톡톡친... | 톡톡친... |
| 2018.09.10. ~ 2... | 143 | 8 | 135 | 147 | 15 | 5.6% | 94.4% | 2 | 317 | 5 | 785 |
| 2018.09.17. ~ 2... | 75 | 3 | 72 | 76 | 6 | 4.0% | 96.0% | 0 | 317 | 1 | 786 |
| 2018.09.24. ~ 2... | 68 | 1 | 67 | 71 | 7 | 1.5% | 98.5% | -2 | 315 | 4 | 790 |
| 2018.10.01. ~ 2... | 104 | 4 | 100 | 107 | 6 | 3.8% | 96.2% | 4 | 319 | 6 | 796 |
| 2018.10.08. ~ 2... | 132 | 8 | 124 | 136 | 12 | 6.1% | 93.9% | 1 | 320 | 7 | 803 |
| 2018.10.15. ~ 2... | 168 | 4 | 164 | 175 | 16 | 2.4% | 97.6% | 3 | 323 | 6 | 809 |
| 2018.10.22. ~ 2... | 163 | 7 | 156 | 168 | 16 | 4.3% | 95.7% | 3 | 326 | 6 | 815 |

## 1-5. 재구매 통계

'통계 – 재구매 통계'를 통해서 재구매 고객의 비율과 주문금액이 늘었는지 확인할 수 있다.

만약 회전율이 좋은 식품, 소모품 카테고리의 상품을 주로 판매한다면 재구매 통계를 활용해 비율을 확인한 후 재구매 고객을 위한 이벤트를 기획해 보는 것도 매출을 올리는데 도움이 될 수 있다.

# 2 _ 네이버 애널리틱스로 웹로그 분석하기

네이버 애널리틱스는 네이버에서 제공하는 무료 웹로그 분석 서비스로 방문자의 사이트 이용 행태와 유입정보 등 온라인 비즈니스를 운영하는 데 도움이 되는 분석자료를 제공한다. 스마트스토어의 통계와 비즈어드 바이저 서비스를 간략하게 보여주는 폼이라고 생각하면 된다.

필자의 경우 애널리틱스의 분석자료를 매일 보면서 변경되는 키워드와 고객의 경로를 제대로 파악한다. 제대로 파악한 분석 결과는 매출과 직결되기 때문이다.

애널리틱스의 장점은 방문자의 사이트 이용 형태에서부터 유입정보까지 다양한 분석자료를 메인화면에서 간략하고 직관적으로 제공되기 때문에 비전문가도 쉽게 이해하고 활용할 수 있다는 점이다. 또 몇 번의 클릭만으로 스크립트를 손쉽게 설치하고 시작할 수 있다.

## 2-1. 네이버 애널리틱스 활용 방법
네이버 애널리틱스에서 제공하는 대표적인 분석자료는 다음과 같다.

❶ 실시간 분석
지금 내 사이트에 방문한 이용자 수, 유입 검색어, 네이버 검색광고 전환 등 사이트 이용 현황을 한눈에 파악할 수 있다. 이를 이용하여 마케팅 활동의 시작 여부와 효과를 실시간으로 측정하고 개선할 수 있다.

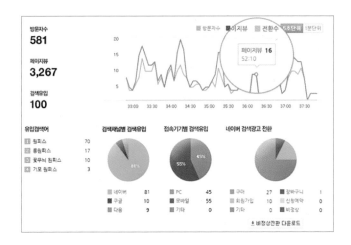

**❷ 유입 분석**

방문자들이 어떤 유입채널을 통해 내 사이트에 방문하는지, 상세하게 파악할 수 있습니다.

유입정보를 알면 많이 유입되는 채널, 검색어 등에 집중하여 보다 효과적으로 사이트 방문을 유도할 수 있습니다.

**❸ 페이지 분석**

내 사이트에서 가장 인기 있는 페이지는 어디인지, 각 페이지에 방문자가 머무르는 시간은 얼마나 되는지 등을 알 수 있다.

페이지분석 정보를 통해 인기가 많은 콘텐츠는 강화하고, 그렇지 않은 콘텐츠는 보완하여 전체적인 사이트 품질을 높일 수 있다.

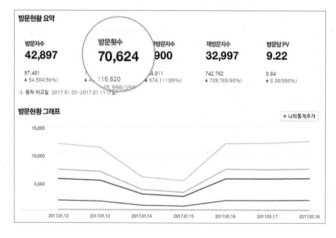

인기페이지

· 페이지뷰합계 508,896

| 순위 | 페이지URL | 페이지뷰 | 비율 | 평균체류시간 |
|---|---|---|---|---|
| 1 | http://analytics.naver.com/1 | 77,053 | 15% | 27초 |
| 2 | http://analytics.naver.com/2 | 63,757 | 13% | 02분 42초 |
| 3 | http://analytics.naver.com/3 | | 6% | 11초 |
| 4 | http://analytics.naver.com/4 | 25,214 | 5% | 34초 |
| 5 | http://analytics.naver.com/5 | 25,050 | 5% | 11초 |
| 6 | http://analytics.naver.com/6 | 24,741 | 5% | 05초 |
| 7 | http://analytics.naver.com/7 | 24,293 | 5% | 09초 |
| 8 | http://analytics.naver.com/8 | 20,415 | 4% | 28초 |
| 9 | http://analytics.naver.com/9 | 19,612 | 4% | 03초 |
| 10 | http://analytics.naver.com/10 | 18,423 | 4% | 06초 |

❹ 방문자 분석

방문현황(UV), 신규/재방문자 수, 시간대별 방문분포, 방문지역 등 방문자의 방문 특성을 이해하기 다양한 정보를 제공한다. 신규고객과 기존고객의 재방문이 잘 방문하는지, 방문이 집중되는 시간대는 언제인지 등을 참고하여 사이트 운영 방식을 개선할 수 있다.

방문현황 요약

| 방문자수 | 방문횟수 | 순방문자수 | 재방문자수 | 방문당 PV |
|---|---|---|---|---|
| **42,897** | **70,624** | **900** | **32,997** | **9.22** |
| 97,401 | 116,620 | 4,011 | 742,762 | 0.84 |
| ↓ 54,504(56%) | ↓ 45,996(39%) | ↓ 674,111(99%) | ↓ 709,765(96%) | ↑ 8.38(998%) |

ⓘ 동작 비교일 2017.01.05~2017.01.11 (7일)

방문현황 그래프

◆ 나의통계추가

## ❺ 인구통계 분석

사이트 방문자의 나이, 성별 등 인구통계학적 정보를 제공한다. 이를 통해 사이트 방문자와 비즈니스를 보다 잘 이해할 수 있고, 비즈니스에 중요한 이용자가 잘 유입되도록 마케팅 활동을 개선할 수 있다.

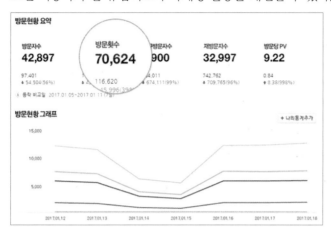

## ❻ 권한부여

네이버 애널리틱스 보고서를 다른 사람과 공유할 수 있도록 권한부여 기능을 제공한다. 사이트 현황을 함께 분석하고, 개선점을 찾을 수 있다.

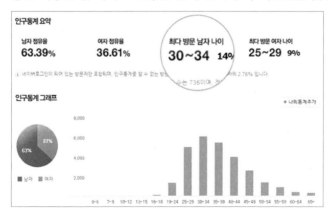

## 2-2. 내 스마트스토어와 네이버 애널리틱스 연동시키기

네이버 애널리틱스는 네이버 계정 또는 네이버 검색광고 계정으로 로그인하여 이용할 수 있다. 또 다음 3단계만 거치면 누구나 손쉽게 네이버 애널리틱스 서비스를 이용할 수 있다.

내 스마트스토어와 네이버 애널리틱스를 연동시켜보자.

**01** 네이버 애널리틱스(https://analytics.naver.com) 메인화면 우측 상단에서 설정 버튼( ⚙ )을 클릭한다. 사이트 및 권한관리 페이지로 이동하면 [사이트등록] 버튼을 클릭한다.

사이트등록 페이지의 사이트명과 사이트URL에 연동시킬 스마트스토어명과 스마트스토어 사이트 주소를 입력한다. [등록] 버튼을 클릭하면 사이트 및 권한관리 페이지에 등록된 사이트 목록을 확인할 수 있고 발급ID도 확인할 수 있다. 발급ID를 복사한다.

**02** 스마트스토어 메인화면에서 [노출채널관리]–[비즈니스 서비스 설정] 메뉴를 클릭한다.

페이지 아래 네이버 애널리틱스 영역의 발급ID 입력 상자에 복사한 발급ID를 입력하거나 붙여넣기하고 연동 완료를 확인한다.

## 2-3. 네이버 애널리틱스로 스마트스토어 분석하기

**01** 네이버 애널리틱스(https://analytics.naver.com)에 접속한 후 [바로 시작하기] 버튼을 클릭하면 애널리틱스 관리자 페이지로 접속한다.

**02** 1일, 7일, 30일, 직접 기간을 설정할 수 있다. 기본 7일(❶)로 설정된 값으로 스마트스토어에 1주 동안 방문한 고객의 숫자를 표현해주고 전주와 얼마나 차이가 발생했는지 그 상태를 상향일 때는 빨간색 화살표(❷), 하양일 때는 파란색 화살표로 표기해준다.

방문자수(❶)는 순수 접속한 고객의 숫자이며 방문횟수는 재방문을 포함한 수치이다.

페이지뷰(❷)는 1명의 고객이 접속하여 1개의 상품 이상을 쇼핑했을 때 발생하는 합산 누적 숫자이다.

애널리틱스의 기능 중 분포 그래프는 직관적으로 표현된다.

분포 그래프만 봐도 내 상점에 접속하는 고객의 패턴을 쉽게 이해할 수 있다.

네이버 쇼핑은 말 그대로 쇼핑을 통한 유입을 말하며, 광고 또한 그렇다.

네이버는 통합검색으로 접속한 고객을 말하며, 내 상품이 1~4등 사이에 있다면 네이버 영역의 수치가 많이 상승되는 것을 확인할 수 있을 것이다.

판매활동 중 접속 디바이스를 파악하는 것은 매우 중요하다.

**01** 네이버 애널리스틱 메인화면에서 [유입 분석]–[전체유입현황] 메뉴를 클릭하면 검색유입 전체 현황을 파악할 수 있다.

**02** 최근 모바일 사용률이 워낙 높기 때문에 판매자들은 "대부분의 고객은 모바일로 접속할 것이다."라고 예상한다. 하지만 다음 전체 유입현황의 그래프를 보면 PC를 통해 유입되는 비율이 약 30%(❶) 정도로 절대로 간과할 수 없는 수치이다. 판매자는 이 그래프의 결과로 모바일 광고에만 치중했다면 PC 광고도 신경 써서 집행해야 함을 알 수 있다.

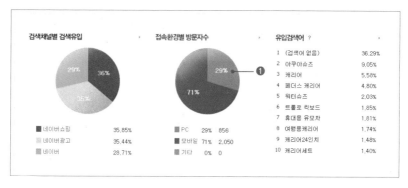

**03** 채널별 유입현황의 검색어는 총 10개까지 보여준다. 애널리틱스 좌측에 있는 [유입 분석]-[유입검색어] 메뉴를 클릭하면 더 자세한 유입 키워드들을 확인할 수 있다.

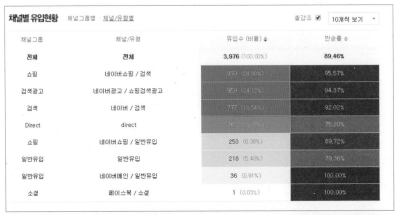

**04** 좀더 세부적인 검색어별 디바이스 접속 경로를 확인하려면 스마트스토어 관리자 페이지에서 [통계]-[Biz Advisor 고급분석]-[비즈 어드바이저] 메뉴를 클릭한 후 비즈 어드바이저에서 [마케팅분석]-[검색채널] 메뉴를 클릭하여 확인하는 것이 효과적이다.

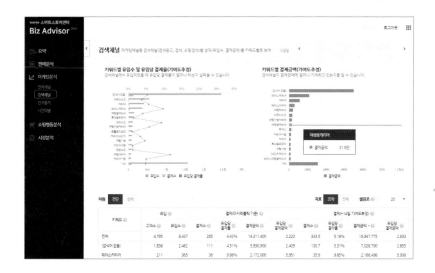

**05** 애널리틱스에서 [유입 분석]–[전체 유입현황] 메뉴를 클릭하면 반송률을 확인할 수 있다.

네이버에서 말하는 반송률은 1명의 고객이 접속하여 본 페이지수를 이야기하는데 100%를 기준으로 하면 89%의 경우 100명이 접속하여 11명은 접속한 페이지 외에 내 상점의 다른 상품을 클릭했다는 것을 의미한다.

**06** 위의 수치가 확인되었다면 [페이지분석]-[인기페이지] 메뉴를 클릭하여 내 상점의 인기상품 상위 4개를 확인하고 그 상품이 무엇인지를 링크를 클릭하여 확인한 후 상점 메인페이지 상단에 나란히 나열해 주는 것은 고객의 UX(사용자경험)를 적용하는데 많은 도움이 된다.

필자는 모든 고객의 행위와 경로는 보편성과 맞물려 형성된다고 생각한다. 고객이 선호하는 판매채널은 분명 존재하지만 그 안에서 벌어지는 검색 행위, 선호상품, 구좌 배치에 따른 클릭 전환은 거의 동일하게 본다는 견해이다.

온라인 마켓 플레이스에서 로그 분석은 매우 중요하다.
지금까지 살펴본 네이버의 애널리틱스, 비즈어드바이저 이외에도 이베이 코리아 파워클릭 리포트, 사설 프로그램인 샵로그까지 전체 로그를 분석하다 보면 필자가 말한 보편성에 대한 이해가 어느 순간 확 와 닿게 될 것이라 확신한다.

온라인 마켓 플레이스에서 판매를 잘하는 것은 고객을 잘 이해하는데 기반을 둔다.
그 기반을 만들어 주는 것은 최초 판매자분석이고, 최후 로그 분석이라고 생각한다.

최초 판매자 분석 ●━━▶ 최후 로그 분석

로그를 분석하다 보면 고객의 행위에 있어서 유도하고 만들어낼 수 있는 마케팅은 무궁무진하다고 생각한다.

나 혼자 생각한 마케팅이 아닌 고객의 조그마한 움직임과 단어까지 의미를 부여하여 사실에 근거한 콘텐츠를 잘 적용한다면 온라인 창업을 준비하고 운영하는데 있어 분명히 큰 의미 있는 도움이 된다는 것을 말하고 싶다.

항상 "순환하는 고객을 어떻게 하면 최종 도달까지 몰고 올 수 있을까?"를 고민하다 보면 왜 내 스마트스토어가 검색 첫 페이지와 마지막 페이지에 존재하는지 어렵지 않게 알 수 있을 것이다.

IT, 쇼핑몰, 홈페이지, 창업, 마케팅 등의 실무 기능을 혼자서도 배울 수 있도록 차근차근 단계별로 설명한 실용서 시리즈이다.

### 혼자서도 할 수 있는
# 오픈마켓 창업 & 마케팅 핵심 전략

**G마켓 | 옥션 | 11번가 | 스토어팜**

김덕주, 박진환. 이상헌 공저 | 16,500원

### 혼자서도 할 수 있는
# 바이럴 마케팅

**15개 채널 제작/꾸미기/콘텐츠 만들기/상위노출/확산시키기**

유성철 저 | 15,500원

# 상세페이지 제작

**쇼핑몰/오픈마켓/소셜커머스/종합쇼핑몰**

김대용. 김덕주 공저 | 17,500원

### 홍마리오의
# 워드프레스 초급[완전개정판]

**저자 직강 동영상 무료 제공**

황홍식 저

# 창업 · 쇼핑몰 · 마케팅 시리즈

## cafe24 스마트 디자인으로
## 인터넷 쇼핑몰 만들기

**실전 PC & 모바일 쇼핑몰 & 해외 쇼핑몰 만들기**
이시환, 고은희 공저 | 23,500원

## 홍마리오의
## 네이버 검색 상위 노출 실전북

**바로 써먹는 블로그, 카페, 지식iN 상위 노출 노하우!**
황홍식, 권오원 공저 | 17,700원

## 돈버는 쇼핑 도매꾹 완벽분석

모영일 저 | 17,500원

무재고/무자본
## 오픈마켓 전문셀러 완벽분석

**상품 사입없이 오픈마켓 전문셀러로 부자되기!**
도매매 전문셀러양성센터 저 | 15,000원